W0397949

WERDER BREMEN

DAS OFFIZIELLE JAHRBUCH 2010/11

Liebe Werder-Fans!

Werder-Geschäftsführer
Klaus-Dieter Fischer, Klaus Allofs und Klaus Filbry (v. li.)

Während der vergangenen Jahre hat sich immer mehr die Erkenntnis durchgesetzt, dass auch Fußball-Vereine unverwechselbare Marken darstellen. Die Marke ‚Werder Bremen' ist dabei nachweislich ausgesprochen positiv besetzt: Sie steht für Sympathie, Einfallsreichtum, Verlässlichkeit, Solidität und Erfolg. Doch anders als zum Beispiel bei Wirtschafts- und Konsumgütern unterliegt die Wahrnehmung einer Sportmarke heftigeren Schwankungen. Ihre Strahlkraft wird sehr stark von Emotionen geprägt, davon, was Woche für Woche auf dem Spielfeld passiert.

Keine Frage: Die Werder-Familie wurde in dieser Hinsicht im Jahr 2010 sehr strapaziert. In der ersten Jahreshälfte gelang nicht nur das erneute Erreichen des DFB-Pokal-Finales, sondern zugleich die unglaubliche Aufholjagd in der Bundesliga, als ein Rückstand von elf Zählern auf Rang drei noch wettgemacht wurde. Es war eine Art Langzeit-Wunder von der Weser, das später durch die schwierige aber erfolgreiche Qualifikation für die UEFA Champions League versilbert wurde und uns ein weiteres Qualitätsattribut der Marke ‚Werder Bremen' sicherte: die sechste Teilnahme an der europäischen ‚Königsklasse' in sieben Jahren.

Es folgten in der zweiten Jahreshälfte einige sportlich weniger glückliche Auftritte und eher wankelmütige Leistungen unserer Mannschaft. Doch das Fundament der Marke ‚Werder Bremen' bilden Standfestigkeit und Ruhe. Deshalb verfallen wir auch bei Rückschlägen nicht in Aktionismus. Unsere große Aufgabe, der wir uns stellen, lautet, den SV Werder Bremen fit zu machen für die Zukunft. Wir haben als Ziel immer Europa im Visier. Natürlich kann es auf diesem Weg auch Rückschläge geben. Aber eines muss stets gewährleistet sein: Der Verein soll auch zukünftig auf gesunden Beinen stehen.

Dazu beitragen wird unter anderem der Umbau des Weser-Stadion. Es liegt uns fern, nach Entschuldigungen für die sportlich zuletzt nicht immer leichte Situation zu suchen. Aber Fakt ist, dass nicht nur unsere Fans, sondern auch die Mannschaft sich bereits seit einem Jahr einer Baustelle gegenübersehen, die allen ein erhöhtes Maß an Verständnis abfordert. Daher blicken wir mit großer Freude dem Moment entgegen, wenn voraussichtlich im März 2011 der Umbau komplett abgeschlossen sein wird und das Schmuckkästchen Weser-Stadion in neuem Glanz erstrahlt.

Der SV Werder Bremen will und muss weiter wachsen. Wir sind sehr stolz darauf, dass wir mittlerweile die Schallmauer von 40.000 Mitgliedern durchbrochen haben und wollen aus unseren vielen Sympathisanten, die es über die Grenzen Bremens hinaus gibt, noch mehr grün-weiße Fans und aus diesen Fans bestenfalls noch mehr Mitglieder machen.

Auch unser soziales Engagement wird weiterhin eine große Rolle spielen. Mittlerweile sind mehr als 300 Schulen, Vereine, Kindergärten, soziale Einrichtungen und Ausbildungsbetriebe ‚100 % Partner' des SV Werder Bremen. Dort erreichen wir auf diesem Weg knapp 200.000 Menschen, die wir unterstützen und denen wir die grün-weiße Idee näher bringen. Zudem konnten wir zum ersten Mal finanzielle Mittel aus unserer ‚Werder Bremen Stiftung' zur Verfügung stellen.

Nicht zuletzt sind wir sehr glücklich darüber, dass wir die Partnerschaft mit unserem Hauptsponsor TARGOBANK bereits um ein weiteres Jahr bis 2012 verlängern konnten und wir auf die fruchtbare Verbindung mit vielen weiteren hervorragenden Partnern bauen können.

Wir bedanken uns bei Ihnen, liebe Fans und Freunde des SV Werder Bremen, für die Unterstützung und Treue im Jahr 2010 und freuen uns auf ein ereignisreiches und erfolgreiches Jahr 2011.

Ihre Werder-Geschäftsführung
Klaus Allofs, Klaus Filbry, Klaus-Dieter Fischer

Wegweiser
Herzlich Willkommen

Unbeirrbarer Lotse

Beschwerlicher Weg

Nur Fliegen ist schöner

Kopfsache
Torfabrik

Was tun, wenn's brennt?
Maestro

Halblegal in die Horizontale

„Naldo, komm bald wieder!"

Rüttelfestes Mauerwerk

Der Spaßmacher

Werbung in eigener Sache

Schau mir in die Augen...

Himmelhoch jauchzend

Mit besten Grüßen

Guter Ruf

Wir sind ein Team
TEAM

Fair Play geht vor
BREMEN

Zum Greifen nah

DAS OFFIZIELLE SV WERDER BREMEN JAHRBUCH 2010/11

Die packendsten Augenblicke des Jahres!

Werder in Bildern

Service

Wer ist wer?

Impressum

Herausgeber:
SV Werder Bremen GmbH & Co KG aA,
Franz-Böhmert-Str. 1c, 28205 Bremen
Gesamtverantwortung:
Tino Polster, V. i. S. d. P.
Leiterin Printmedien: Marita Hanke
Schlussredaktion: Thomas Grziwa
Redaktion: Martin Lange
Redaktionelle Mitarbeit: Maximilian Hendel
Fotos: Getty Images, T. Grziwa, C. Heidmann, imago, INSIDE-PICTURE, maßstab, nordphoto, picture-alliance, Pressefoto ULMER, M. Rospek, M. Stöver, Witters
Fotoredaktion: Marita Hanke, Thomas Grziwa
Anzeigenleitung: Oliver Rau
Gestaltung: T. Grziwa, Medienhaven GmbH
Satz und Lithografie: Medienhaven GmbH
Druck: MüllerDITZEN Druckerei AG

Wegweiser

Zwei bekannte Gesichter und ein ‚Neuzugang' bilden die operative Spitze der Grün-Weißen: Klaus-Dieter Fischer, Klaus Allofs und Klaus Filbry (großes Foto, v. li.). Am 1. Januar 2010 trat Filbry die Nachfolge des ehemaligen Geschäftsführers Manfred Müller an. „Der SV Werder Bremen steht für Kontinuität sowie ein großes Maß an Unaufgeregtheit und ist – verbunden mit seinem sportlichen Potenzial – einzigartig in der Bundesliga", sagte der 43-Jährige bei seiner Vorstellung. Diese Einzigartigkeit drückt sich auch in den weit reichenden Tätigkeitsfeldern der Geschäftsführung aus: Vorsitz, Profifußball und Öffentlichkeitsarbeit (Allofs), Leistungszentrum, Frauenfußball, andere Sportarten und Sozialmanagement (Fischer) sowie Marketing, Management und Finanzen (Filbry). Gemeinsam bringt das wegweisende Trio in der Schaltzentrale tagtäglich seine ganze Power für Werder ein.

Fotos: C. Heidmann

Unbeirrbarer Lotse

Ein komplettes Jahr ohne Tiefen, ohne Rückschläge und Durststrecken erlebt so gut wie niemand. Häufig wechseln sich graue Wolken und heller Schein ab. Die Kunst dabei ist, „die negativen Phasen so kurz wie möglich zu halten“, weiß Thomas Schaaf. Der 49-Jährige formte auch im nunmehr zwölften Arbeitsjahr auf dem Cheftrainer-Posten des SV Werder eine Mannschaft, die zu Außergewöhnlichem fähig ist.

Unter der Leitung ihres unbeirrbaren Lotsen konnte sich die Mannschaft bereits in der zweiten Hälfte der Saison 2009/2010 unaufhaltsam in der Bundesliga-Tabelle emporkämpfen, kam auf dem dritten Rang ins Ziel und zog zudem abermals ins DFB-Pokalfinale ein. Dort reichte es gegen den FC Bayern München zwar nicht zur Wiederholung des Triumphs aus dem Vorjahr. Außergewöhnlich jedoch: Zum insgesamt siebten Mal in der Vereinshistorie gelang die Qualifikation für die UEFA Champions League.

Foto: Getty Images

Foto: Getty Images

Beschwerlicher Weg

Wie beschwerlich, ja gar dramatisch, der Weg zurück in die Königsklasse sein würde, war beim Einlaufen zum Play-Off-Hinspiel zwischen Werder Bremen und dem italienischen Widersacher Sampdoria Genua noch nicht zu erahnen. Dabei schien die UEFA Champions League nach dem 3:1-Heimsieg bereits ganz nah – trotz des kleinen Makels, in letzter Minute noch ein Gegentor kassiert zu haben. Doch genau dadurch wurde das Rückspiel zu einer echten Zitterpartie, Werder-Tor in der Nachspielzeit und Verlängerung inklusive. In dieser Verlängerung sorgte schließlich der Treffer von Claudio Pizarro für die letztendliche 2:3-Niederlage und sicherte die Teilnahme am Elitewettbewerb des europäischen Fußballs.

Foto: T. Grziwa

Foto: nordphoto

Stammgäste

Dienstag, 14. September 2010, 20.42 Uhr. Nach einjähriger Abstinenz kehrte der SV Werder auf das ganz große internationale Parkett zurück. Die grün-weißen Champions-League-Stammgäste haben ihr Abonnement wieder aufgenommen, das sie sich zuvor schon zwischen 2004 und 2008 fünf Mal in Folge verdient hatten. Gänsehaut: Endlich erklingt sie wieder, die unverkennbare Melodie der Königsklasse in Anlehnung an Georg Friedrich Händels Krönungshymne ‚Zadok the priest'. Die im Flutlicht erstrahlenden Arenen bieten die Bühne für die Besten Europas. Zum Auftakt des Wettbewerbs gastierte ein Königsklassen-Neuling im Weser-Stadion – der englische Traditionsclub Tottenham Hotspur. In nur 18 Minuten waren die Londoner auf 0:2 enteilt, ehe Hugo Almeida und Marko Marin noch für den 2:2-Endstand sorgten.

TOTTENHAM HOTSPUR FC
20:42
UniCredit
UniCredit
MasterCard
Maestro
SONY make.believe 3D
S-MAX
Heineken
RESPECT

Fotos: Getty Images

Foto: Pressefoto ULMER

All you need is love

Leidenschaft, Vertrauen, Treue, die Liebe zum Verein. Es sind nur vier von vielen Eigenschaften, die Cheftrainer Thomas Schaaf in seiner beinahe vier Jahrzehnte andauernden Verbundenheit zum SV Werder Bremen verkörpert. Und er gehört zu den Sympathieträgern, die dazu beitragen, dass die große und bunte Werder-Fangemeinde immer weiter wächst.

Foto: Pressefoto ULMER

Nur Fliegen ist schöner

Für die Kameraobjektive ist Tim Wiese seit jeher ein beliebtes Motiv. Die Reflexe und wagemutigen Paraden des Werder-Keepers sind nur allzu oft spektakulär und beinahe blitzartig und so explosiv, dass es zuweilen schwer fällt, sie mit bloßem Auge zu verfolgen. Seit vielen Jahren ist Tim Wiese Werders Rückhalt auf höchstem Niveau. Woche für Woche bringt er auffällig beständige Leistungen in Champions League, Bundesliga und DFB-Pokal. Er verkörpert internationale Klasse. Und nur weil das in Deutschland für außergewöhnlich viele Torhüter gilt, hat es bisher noch nicht für die Nummer eins im DFB-Trikot gereicht. Aber Tim Wiese wird weiterkämpfen, mit Sicherheit.

Foto: C. Heidmann

Foto: imago

Kopfsache

Viel unangenehmere Situationen als direkte Aufeinandertreffen mit Werders Innenverteidiger Per Mertesacker können Angreifern kaum widerfahren. Wie hier für Hoffenheims Vedad Ibisevic ist die Aussicht auf positiven Zweikampfausgang nämlich ausgesprochen gering.

Torfabrik

Claudio Pizarro als Namensgeber des neuen offiziellen Bundesliga-Spielballs? Gut möglich, denn die Bezeichnung ‚Torfabrik', die für das Spielgerät gewählt wurde, passt auch zu Werders peruanischem Angreifer. Am 23. Oktober 2010 krönte sich ‚Piza' in Mönchengladbach mit seinem 134. Treffer zum alleinigen ausländischen Rekordtorschützen der Bundesliga. Und Vorsicht! So viel ist sicher: Der jetzige Trefferstand wird noch lange nicht das Ende sein.

Foto: Pressefoto ULMER

Foto: Pressefoto ULMER

Was tun, wenn's brennt?

Brenzlige Situation in Werders Strafraum: erste Halbzeit im Hinspiel der Champions-League-Qualifikation, der Stand 0:0. Sampdoria Genuas Daniele Gastaldello hat sich angeschlichen, um Unruhe zu stiften und Per Mertesacker in einen intensiven Nahkampf zu verwickeln. Machtlos müssen beide – ebenso wie der kurzzeitig aus dem Gleichgewicht geratene Tim Wiese – mit ansehen, wie das Spielgerät noch in akuter Gefahrenzone umherschwirrt. Doch Petri Pasanen ist rechtzeitig zur Stelle und leistet Hilfe – auf geradezu artistische Art und Weise mit dem rechten Knie in Brusthöhe. Was also tun, wenn's brennt? Einfach mal den coolen Finnen fragen...

Der Leitwolf

Im Januar 2010 erfuhr Torsten Frings von Bundestrainer Joachim Löw, dass er nicht für die WM in Südafrika berücksichtigt wird – nach 79 Länderspielen, zehn Toren, je einer Silber- und Bronzemedaille bei Weltmeisterschaften sowie der Vize-Europameisterschaft 2008. Seitdem bildet ausschließlich Werder den fußballerischen Mittelpunkt des 33-Jährigen. Im Korsett der Grün-Weißen bleibt der Kapitän unverzichtbar. „Zu auffällig verrichtet der Bremer seine unauffällige Arbeit. Er steht dort, wo der Fußball am wenigsten glänzt und am meisten schwitzt, im defensiven Mittelfeld. Und nach 119 Minuten stand er noch genauso autoritär im Raum wie nach 19", analysierte die ‚Süddeutsche Zeitung' einmal hymnisch seine Spielweise. Daran hat sich bis heute nichts geändert. Der Leitwolf grätscht und rennt weiterhin mit enormer Präsenz durchs Mittelfeld und lässt die Gegner ehrfürchtig zusammenzucken.

Foto: Getty Images

SO GEHT
BANK HEUTE

Augen zu und durch

Selbst diese unsanfte Begegnung mit dem Rasen hält Clemens Fritz nicht davon ab, in seiner mittlerweile fünften Spielzeit für Werder Bremen unentwegt die rechte Außenbahn zu beackern. Bei kleinen Stolperern wie diesem heißt es ‚Augen zu und durch', Rolle vorwärts, weiter geht's. In der grün-weißen Viererkette bildet der gebürtige Erfurter zuverlässig das rechte Glied. Ob kompromissloser Zweikämpfer oder unwiderstehlicher Flankenläufer: Er verfügt über eine reichhaltige Palette an Fähigkeiten. Geradezu fahrlässig wäre es dabei, das ausgeprägte Stürmer-Gen aus den Anfängen seiner Profi-Laufbahn zu missachten.

Foto: picture-alliance

Unfassbar...

Wie bitter, wie unnötig, wie unfassbar. All diese traurigen Empfindungen müssen Hugo Almeida in diesem Moment auf Herz und Nieren geschlagen haben. Eine wieder einmal denkwürdige Europapokal-Nacht im Weser-Stadion ereignete sich Mitte März 2010 – mit der schmerzlichen Konsequenz des Ausscheidens der Grün-Weißen im Achtelfinale der UEFA Europa League gegen den FC Valencia. 1:1 endete das Hinspiel in Spanien, das Rückspiel artete zum hemmungslosen 4:4-Scheibenschießen aus. Die Grün-Weißen egalisierten die zwischenzeitlichen 0:2-, 1:3- und 3:4-Rückstände. Am Ende fehlte ein Tor zum Weiterkommen.

Foto: picture-alliance

Halblegal in die Horizontale

Es bleibt den bedauernswerten Gegenspielern von Marko Marin fast schon gar nichts anderes übrig, als ihn in seinen Aktionen oftmals am Rande der Legalität zu bearbeiten. Zu flink flitzt der ruhelos dribbelnde ‚Irrwisch' zumeist querfeldein über das Spielfeld, zuhauf verwirrt er die Widersacher mit unvorhersehbar plötzlichen Antritten, Wendungen, Haken, Übersteigern, Drehungen. Und bei all dem bleibt es zwangsläufig nicht aus, dass der 21 Jahre alte Nationalspieler so häufig wie nur wenige andere Bundesliga-Profis durch die Robustheit so manches Kontrahenten den leidigen Weg in die Horizontale antreten muss. Doch eins ist sicher: Marko Marin wird sich auch in Zukunft durchzusetzen wissen.

Foto: Getty Images

„Naldo, komm bald wieder!“

Ganze 15 Bundesliga-Spiele hatte Naldo in fünf Spielzeiten im Dress der Grün-Weißen verpasst, 155 von 170 möglichen Partien bestritten. Er ist ein Vorzeige-Profi, dessen Körper schier unverwüstlich fast jede der enormen Belastungen wegsteckte. Doch jetzt, zum wirklich ersten Mal, seitdem er 2005 nach Bremen wechselte, setzte ihn eine hartnäckig andauernde Knieverletzung außer Gefecht und verhinderte seit der Saisonvorbereitung im Juli jegliches Mitwirken in Pflichtspielen. Jeder, ob aus der Mannschaft, dem Trainerteam oder der Fankurve begleitete die Leidenszeit des Brasilianers mit dem Zuruf: „Naldo, komm bald wieder!“ Damit endlich wieder gemeinsam Grund zum Strahlen und Jubeln besteht.

Foto: C. Heidmann

RESPECT

Der nächste Sprung

Seit ihn der damalige Jugendtrainer Bernd Pfeifer im Jahr 2001 aus Goslar in Werders Leistungszentrum lotste, hält Aaron Hunt dem Club die Treue. Der bisher wohl weiteste Sprung auf dem langen Entwicklungsweg vom hoch veranlagten Talent zum prägenden Offensivspieler im Bundesliga-Team gelang dem 24-Jährigen in der vergangenen Spielzeit. Neun Bundesliga-Tore und sechs ‚Assists' zählte seine Saison-Statistik, dazu befindet sich Hunt seitdem fortwährend im Auswahlzirkel von Bundestrainer Joachim Löw. Doch dies darf noch lange nicht das Ende des Weges sein. Hunt ist auf dem nächsten Sprung – um noch mehr Verantwortung fürs Werder-Spiel zu übernehmen.

Foto: nordphoto

Die Verantwortung schultern

Ob neue Spieler oder alteingesessene: Alle Werder-Profis müssen auf dem Spielfeld und auch außerhalb Verantwortung übernehmen. Ein schnelles Zusammenwachsen ist erforderlich, wenn das Team vor der Saison um weitere Spieler ergänzt wird. Auch Aaron Hunt und Wesley wissen, dass sich der Erfolg nur einstellen kann, wenn die Aufgaben auf alle Schultern verteilt werden. Beim Jubeln freilich darf wie hier auch mal einer die komplette Last des anderen tragen.

Foto: Pressefoto ULMER

Im Fokus

Es wurde bereits über den Menschen und Fußballer Marko Arnautovic geschrieben, gesprochen, gemutmaßt, als Werders Neuzugang von Twente Enschede noch gar nicht richtig angekommen war an seiner jetzigen Wirkungsstätte. „Ihm wurde sofort ein Image angeklebt", verdeutlichte Cheftrainer Thomas Schaaf. Glücklicherweise richtete sich der Fokus bald auf den Fußball, ausgelöst unter anderem durch Arnautovic' großartigen Auftritt beim Startelf-Debüt gegen den 1. FC Köln. Zwei Tore und eine Vorlage des Österreichers verhalfen maßgeblich zum 4:2-Heimsieg, Sprechchöre des begeisterten Publikums galten dem Matchwinner.

Foto: picture-alliance

Foto: nordphoto ULMER

Rüttelfestes Mauerwerk

Philipp Bargfrede, Claudio Pizarro, Marko Arnautovic, Hugo Almeida, Sebastian Prödl und Tim Borowski (v. li.) haben sich lückenlos nebeneinander platziert und blicken gebannt auf den gegnerischen Freistoßschützen. Während Bargfrede – am äußersten linken Rand des rüttelfesten Mauerwerks positioniert – bestrebt zu sein scheint, sich furchtlos dem nahenden Schuss entgegenzustellen, greifen bei seinen Teamkollegen bewährte Schutzmechanismen, um die wichtigsten Körperpartien vor vermeintlich bleibenden Schäden zu bewahren. Hugo Almeida zeigt derweil den Werder-Plan an: Freistoß abblocken, schnell umschalten, ausschwärmen und einen Konter ‚fahren'.

Foto: nordphoto

Foto: imago

In aller Kürze bühnenerprobt

Und eh man sich versieht, ist ein Platz auf der Bühne ‚Bundesliga' reserviert. Philipp Bargfrede (Foto li.), der Junge aus dem niedersächsischen Heeslingen, weiß eine Geschichte davon zu erzählen: Wie ihm Cheftrainer Thomas Schaaf in der Saison 2009/2010 die Chance gab und der Mittelfeldspieler genau diese im richtigen Moment ergriff. „Die Spielzeit ist für mich sensationell gelaufen. Damit konnte man im Vorfeld nicht rechnen", gibt sich Bargfrede bescheiden. Einen um ein paar tausend Kilometer weiteren Anreiseweg als aus Heeslingen hatte dagegen Wesley aus Brasilien zu bewältigen. Nun gehören beide zu den etablierten Leistungsträgern im Mittelfeld der Grün-Weißen – noch dazu ist ihnen dies in aller Kürze gelungen.

Foto: picture-alliance

Kein Durchkommen

Es bedarf einiges an Körperspannung, Robustheit, Durchsetzungsvermögen und Cleverness, um in den stets intensiv geführten direkten Duellen auf höchstem europäischen Niveau die Oberhand zu behalten. Angreifer Claudio Pizarro (Foto li.) und Innenverteidiger Naldo allerdings wissen ob ihrer geballten internationalen Erfahrung nur zu gut, wie schwer es den Gegenspielern fällt, einen Zweikampf gegen die beiden Werderaner zu gewinnen.

Foto: imago

Fotos: imago

Einmal volltanken, bitte!

Philipp Bargfrede hat sich den kurzen Boxenstopp an der Seitenlinie direkt vor der Bank mit Werders sportlichem Führungsduo Klaus Allofs und Thomas Schaaf redlich verdient, um den nachhaltig beanspruchten Wasser- und Energiehaushalt durch einen kräftigen Schluck aus der Plastikflasche wieder in die Balance zu bringen. Mikaël Silvestre visiert in dieser Zeit einen passenden Abnehmer für den folgenden Einwurf an.

ARGOBA
10

Der Spaßmacher

Hoffen, klatschen, bangen ... und das ausnahmsweise alles ohne Ball, der ansonsten Marko Marins innigster ‚Freund' ist – so beschrieb es einst der ‚Tagesspiegel'. „Wir wollen seine besonderen Qualitäten hervorkitzeln und sind sicher, dass er hier tolle Dinge zeigen wird", sagte Cheftrainer Thomas Schaaf bei der Verpflichtung des quirligen Mittelfeldspielers im Jahr 2009. Und seine Prognose stellte sich nicht als verfehlt heraus. Marin – mit dem Willen und insbesondere auch allen Begabungen zu großen Taten ausgestattet – hat an der Weser eingeschlagen und macht den Fans mit seinem Spiel jede Menge Spaß.

Fotos: Pressefoto ULMER, Getty Images, imago (v. li.)

Foto: C. Heidmann

Überwältigendes Erlebnis

Hoch das Bein, fast bis in den 90-Grad-Winkel. Das runde Spielgerät weiß sich auch an den Füßen von Onur Ayik (Foto li.) und Sebastian Boenisch unter kompetenter Obhut. Ayik gab sein Bundesliga-Debüt im Februar 2010 gegen Bayer Leverkusen. Sein Kommentar zu diesem überwältigenden Erlebnis: „Es war Wahnsinn, wie die Fans gejubelt haben und mitgegangen sind. So etwas will ich wieder erleben.“ Die Chancen dafür stehen gut. Um zu den mehr als 50 Bundesliga-Partien aufzuschließen, die Außenverteidiger Boenisch bereits absolviert hat, muss Ayik allerdings noch etwas Geduld aufbringen.

Foto: Pressefoto ULMER

Foto: imago

Werbung in eigener Sache

„Sebastian muss seine Ansprüche deutlich untermauern. Es ist jetzt an der Zeit, eine Marke zu setzen.“ Bereits während der Sommervorbereitung, als sich ein längerer Ausfall Naldos abzeichnete, wies Cheftrainer Thomas Schaaf deutlich darauf hin, auf wen es nun in der zentralen Defensive mit ankommt: Sebastian Prödl. „Ich gehe in die dritte Saison bei Werder – dies wird eine ganz entscheidende für mich“, verstand der Angesprochene den Trainer-Hinweis. Und wusste in der Folgezeit durchaus, Werbung in eigener Sache zu betreiben. Nicht nur Mannschaftskapitän Torsten Frings wird auch weiterhin ein Auge darauf werfen, wie sich der österreichische Nationalspieler bei den Grün-Weißen weiterentwickelt.

Foto: picture-alliance

Schau mir in die Augen...

Welch scheinbar magische Anziehungskraft und Faszination ein Fußball doch ausüben kann. Schiedsrichter Dr. Helmut Fleischer, inzwischen im Ruhestand, legt das runde Spielgerät auf seine linke Handfläche, als sei sie ein reich dekorierter Präsentierteller. Es lässt sich bei der Betrachtung von Hugo Almeidas Fixieren des Balles einfach nicht vermeiden, an jenen legendären Satz zu denken, den Humphrey Bogart Ingrid Bergmann im Klassiker ‚Casablanca' entgegenhaucht: „Schau mir in die Augen, Kleines...".

Fotos: Getty Images, imago

Fotos: C. Heidmann

Mimik des Wohlgenusses

Die Mischung aus unbeschreiblicher Freude und Erleichterung nach Torerfolgen ist ein Wohlgenuss für Spieler und Fans. Treffer geben Kraft, Mut und Selbstvertrauen, belohnen für großen Aufwand und – wie bei Werder nur allzu oft zu bestaunen – tolle Kombinationen. Umso schöner, wenn sie gleich dreifach fallen. Wie etwa beim 3:1-Hinspiel-Sieg in der Champions-League-Play-Off-Runde gegen Sampdoria Genua. Clemens Fritz brachte die Grün-Weißen mit seinem Kracher in den Winkel in Führung (51. Minute), Torsten Frings (hier mit Tim Borowski, Foto oben) traf vom Elfmeterpunkt (66.), und nur drei Minuten später vollendete Hugo Almeida zum 3:0.

PIZARRO
24
BREMEN
23
8

Foto: Pressefoto ULMER

Mit offenen Armen

„Ich bin ein direkter, offener Typ, der immer versucht, Freundschaften zu schließen." So charakterisiert sich Marko Arnautovic selbst. Nicht nur Hugo Almeida (Foto li.), die ganze Mannschaft empfing den österreichischen Neuzugang mit offenen Armen: „Ich habe in den ersten Wochen ein sehr gutes Verhältnis zu meinen Teamkollegen aufgebaut", unterstreicht Arnautovic. Cheftrainer Thomas Schaaf weiß derweil: „Marko muss man kennen lernen, und die Bremer werden ihn kennen lernen." Am liebsten durch jede Menge Tore...

Foto: picture-alliance

Foto: imago

Gewohnt kämpferisch

Ein Auf und Ab der Gefühle widerfuhr Sebastian Boenisch (Foto li.) im September 2010. Noch Anfang des Monats feierte der 23-Jährige sein Debüt in der polnischen Nationalmannschaft. Gerade zwei Wochen später zwang den Linksverteidiger eine Knieverletzung zu einer mehrmonatigen Zwangspause. Doch er gab sich gewohnt kämpferisch: „Ich werde alles dafür tun, schnell wieder dabei zu sein." Auch Tim Borowski blieb zuletzt nicht von Verletzungen verschont. Gewiss ist jedoch: Beide blicken zuversichtlich nach vorn.

Himmelhoch jauchzend

Wer wird denn gleich derart betrübt aus der Wäsche schauen wie hier Marko Marin? Natürlich fieberten auch die Mitspieler mit Claudio Pizarro (Foto re.) auf seine grandiose Bestmarke hin. Durch den Treffer zur 1:0-Führung am 34. Spieltag der Saison 2009/2010 gegen den Hamburger SV hatte ‚Piza' mit dem bisherigen ausländischen Rekordtorschützen der Bundesliga, Giovane Elber, gleichgezogen. 168 Tage vergingen anschließend, bis Werders Torjäger durch seinen 134. Treffer zum 4:1 der Grün-Weißen im Spiel bei Borussia Mönchengladbach die alleinige Führung in dieser Wertung übernahm.

Foto: Pressefoto ULMER

Foto: INSIDE-PICTURE

Foto: Pressefoto ULMER

Auf ruhmreichen Spuren

Mit Wesley (Foto li.) hat sich der SV Werder zweifellos einen Alleskönner geangelt. „Egal, auf welcher Position er aufläuft – er bringt sich ein, als wäre er seit Jahren dabei“, zollt Cheftrainer Thomas Schaaf dem frischgebackenen Nationalspieler Respekt. Von Wesleys Fähigkeiten profitieren auch die Mitspieler: So verwandelte Hugo Almeida (hier ein Bild vom Champions-League-Spiel gegen Tottenham) gegen den Hamburger SV im September 2010 eine Vorarbeit des Brasilianers zum 3:2-Siegtor. Wesley traf dabei auf sein großes Vorbild Zé Roberto. „Ich bewundere ihn“, sagt der Werderaner, dessen Karriere einen ähnlich erfolgreichen Verlauf nehmen soll.

Foto: Getty Images

Mit besten Grüßen

Auf einmal muss binnen einer tausendstel Sekunde die richtige Entscheidung getroffen werden. Sebastian Mielitz glückte dies zu einem enorm wichtigen Zeitpunkt. In der 86. Minute des Champions-League-Auswärtsspiels bei Twente Enschede rettete er Werders Punktgewinn durch eine überragend gelöste Eins-gegen-Eins-Situation im Duell mit Theo Janssen. Mitte der ersten Halbzeit wurde das große Torwart-Talent aufgrund der Verletzung von Tim Wiese ins kalte Wasser geworfen. Zitterndes Lampenfieber? Im Gegenteil: „Das Adrenalin hat meinen Körper schnell auf Temperatur gebracht.“ Nur drei Tage später hielt ‚Miele‘ in Mönchengladbach ebenfalls herausragend und konnte es nach dem Abpfiff selbst kaum fassen: „Ich habe noch gar nicht richtig realisiert, was hier heute abgelaufen ist.“ Sprach‘s und entsandte via Sky-Mikrofon erstmal beste Grüße an „Mama, Papa, Freundin und Oma“.

Foto: imago

Fotos: Pressefoto ULMER

Guter Ruf

Manchmal muss es einfach etwas lauter werden... Wenn nach einem Tor den Emotionen freier Lauf gelassen wird. Wenn die Zuschauer im Stadion ein solches Spektakel veranstalten, dass man sein eigenes Wort kaum noch versteht. Oder wenn das Spiel einfach nicht so laufen will wie gewünscht. Cheftrainer Thomas Schaaf und Kapitän Torsten Frings gehören zu denen, die vorangehen, wenn es heißt, Fehler deutlich anzusprechen. Zu den festen Werder-Prinzipien gehört es, dies stets konstruktiv und sachlich zu tun. So wurde schon manche schwierigere Phase erfolgreich bekämpft.

Wiederbelebt

Es war das aufregendste Werder-Spiel des Jahres 2010 und zu turbulent, um es hier detailliert nachzuerzählen. Doch der grünweiße Jubelsturm, den in diesem Moment Markus Rosenberg, Claudio Pizarro, Marko Arnautovic, Philipp Bargfrede und Clemens Fritz (v. li.) entfachen, steht für das Happy End eines nervenaufreibenden Duells. Im Rückspiel der Qualifikation zur UEFA Champions League bei Sampdoria Genua rettete der Treffer von Markus Rosenberg zum 1:3 aus Werder-Sicht in den letzten Sekunden der Nachspielzeit das Team in die Verlängerung und belebte die Königsklassen-Träume wieder. Claudio Pizarro sicherte schließlich mit seinem Tor das Erreichen der Gruppenphase und sorgte für den hier festgehaltenen grünweißen Jubel.

Foto: picture-alliance

ERG mobile

Schwerer Ballast

Ob aus der Frontal- oder Rückenperspektive – beide Bilder bestätigen, dass sich Leverkusens Angreifer Stefan Kießling in diesem Augenblick wohl lieber an einen anderen Ort wünschen würde, anstatt den schweren Ballast zu stemmen und gegen die entschlossen dreinblickenden Werderaner Torsten Frings und Petri Pasanen einen Luftdreikampf verlieren zu müssen.

Foto: nordphoto

Foto: imago

Hast du das gesehen?

Hoch in der Luft stehend feiert Claudio Pizarro mit geballten Fäusten seinen Treffer. Direkt daneben leistet Hugo Almeida dem Peruaner jubelnd Gesellschaft. Dabei hat er den Zeigefinger weit nach oben gestreckt, als wolle er dem Schützen bedeuten: „Hast du das gesehen? Meine Vorlage!“ Denn erst Almeidas perfekt getimter Hackentrick in den Lauf Pizarros ermöglichte dieses wichtige und wunderschöne Tor im Play-Off-Heimspiel der UEFA Champions League gegen Sampdoria Genua. Nicht minder erfreut zeigten sich Kapitän Torsten Frings und Marko Arnautovic (Foto re.) nur zehn Tage darauf. Denn allein drei Treffer steuerten die beiden zum 4:2-Heimsieg gegen Köln bei.

Fotos: Pressefoto ULMER

BUNDES
LIGA
ARGOBANK
22

Foto: INSIDE-PICTURE

Keine Gastgeschenke

Selbst in Spielunterbrechungen ist der Ball doch zu wertvoll, um mir nichts, dir nichts als freundliches Gastgeschenk einem gegnerischen Akteur überlassen zu werden. Naldo jedenfalls verteidigt das Spielgerät nachdrücklich, damit es Dortmunds Sebastian Kehl nicht zu fassen bekommt (Foto li.). In genau so verbissener Vehemenz bedrängten sich Per Mertesacker und Augsburgs Angreifer Nando Rafael im DFB-Pokal-Halbfinale 2010.

Foto: imago

Der Jubilar

Kaum hatte Mikaël Silvestre England nach elf Jahren bei Manchester United und Arsenal London verlassen, da traf der 33-Jährige bereits unmittelbar nach seiner Ankunft in Bremen auf alte Bekannte aus der Premier League. Der Londoner Traditionsclub Tottenham Hotspur – hier fordert Younes Kaboul Werders Neuzugang im Kopfballduell – feierte im Weser-Stadion sein Debüt in der UEFA Champions League. Der Einstand des ehemaligen Königsklassen-Gewinners Silvestre in diesem Wettbewerb liegt bereits etwas weiter zurück, gegen die ‚Spurs' beging der Franzose ein kleines Jubiläum: Es war sein 80. Einsatz in der Champions League.

Foto: Pressefoto ULMER

In the air tonight

Es ist nicht verwerflich, dass Philipp Bargfrede (1,74 Meter) und Petri Pasanen (1,87 Meter) gemeinsam diesen Höhenwettstreit eingehen. Denn gar 2,01 Meter über dem Rasen liegt der Scheitel von Tottenhams Peter Crouch. Ganz zu schweigen davon, wie hoch der Engländer in diesem Moment in die Lüfte steigt.
Ohne Hilfestellung eines Kollegen setzt indes Sebastian Prödl in luftiger Sphäre seinen immerhin fünf Zentimeter betragenden Größenvorteil gegenüber Bayern Münchens Nationalspieler Holger Badstuber gewinnbringend ein (Foto re.).

Foto: Witters

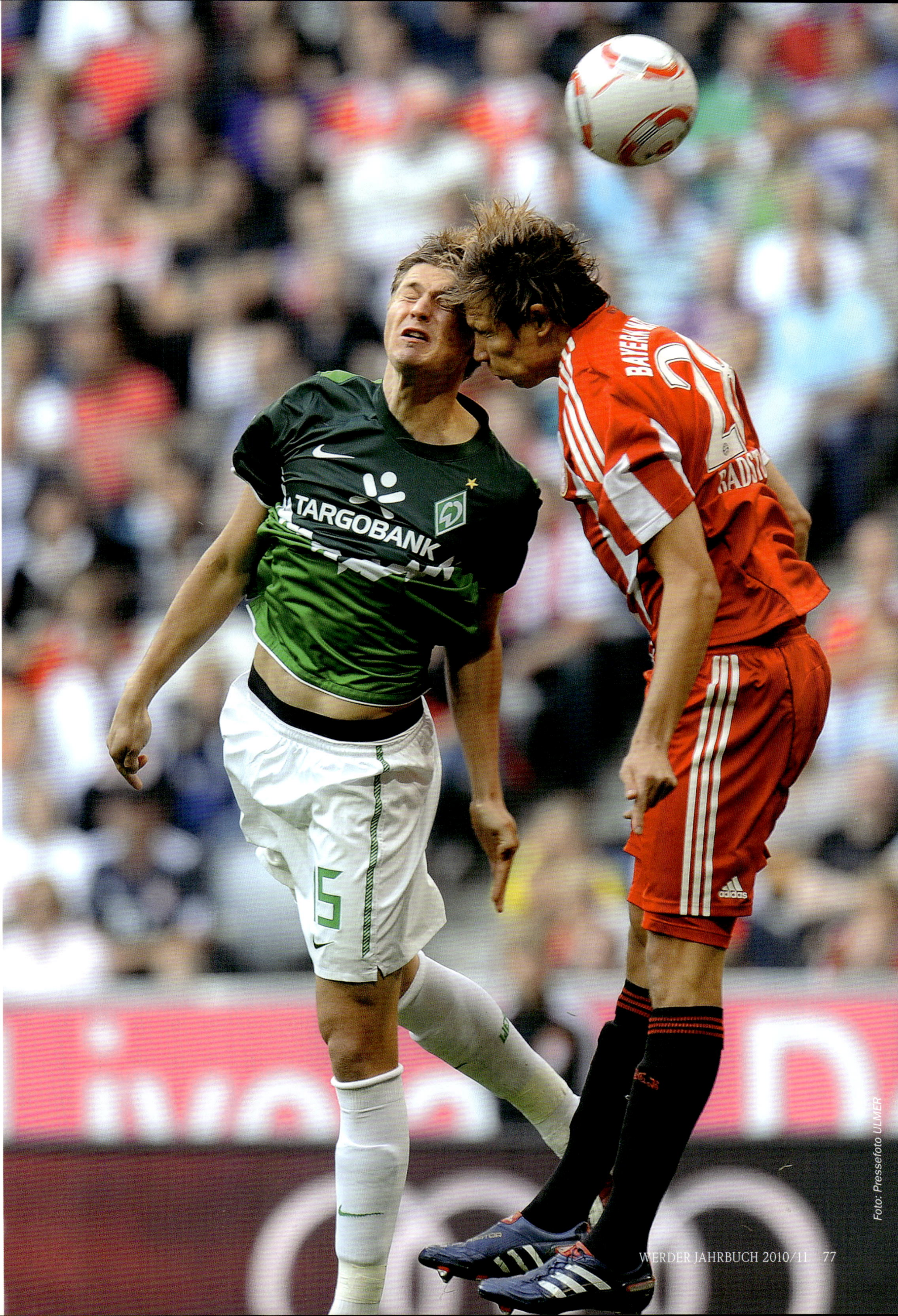

Foto: Pressefoto ULMER

LIGA
LIGA
24
29
Reebok

Eine Energieleistung

Es war ein kurioses Spiel am 32. Spieltag der Saison 2009/2010: Werder hatte nach tollen Wochen soeben Platz drei in der Liga erobert, als sich der 1. FC Köln im Weser-Stadion vorstellte. Doch was die Grün-Weißen (hier Claudio Pizarro und Per Mertesacker) gegen das Abwehrbollwerk des FC auch unternahmen, trotz Chancen en masse wollte einfach kein Tor fallen. Dabei waren drei Punkte so wichtig, um den Bronze-Rang nicht sofort wieder zu verlieren. In letzter Sekunde sollte es schließlich die Rettung geben. Einen Kopfball von ‚Merte' konnte FC-Verteidiger Pedro Geromel nur mit der Hand von der Linie kratzen. Kapitän Torsten Frings verwandelte den fälligen Elfmeter zum 1:0-Sieg. Und Werder gab den dritten Platz bis zum Saisonende nicht mehr her.

Foto: Pressefoto ULMER

Zur richtigen Zeit am richtigen Ort

Ein einziger Zweikampf kann mitunter über Wohl und Wehe entscheiden. Werders Mittelfeldspieler Daniel Jensen zeichnete kurz vor Ende des Nordderbys gegen den Hamburger SV im September 2010 für eine derartig folgenreiche Aktion gegen Piotr Trochowski verantwortlich. Synchronität beweisen die Duellanten – beide waren erst gut 300 Sekunden zuvor ins Spiel gekommen – lediglich in der Haltung, jedoch nicht in der Körpersprache. Ob Piotr Trochowski gerade ahnt, welch weit reichende Auswirkungen sein Ballverlust an der Mittellinie in Gang gebracht hatte? Im Anschluss an die willensstarke Balleroberung Jensens riss Wesley ein großes Loch in die HSV-Defensive, passte scharf nach innen, und Hugo Almeida vollendete zum 3:2-Endstand.

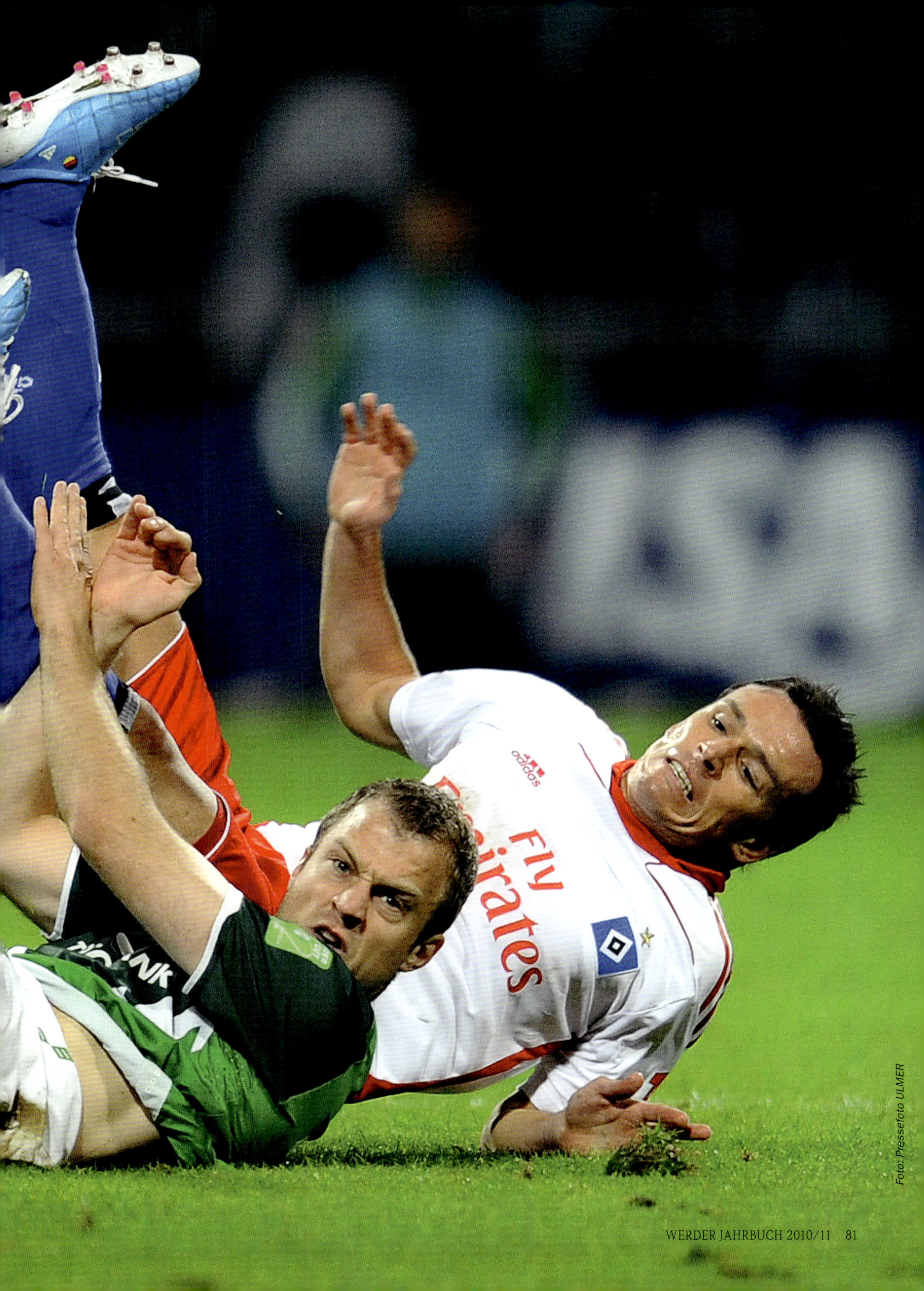

Foto: Pressefoto ULMER

Der lange Weg zurück

Noch im Februar 2010 vertrat Christian Vander drei Pflichtspiele lang in vertraut zuverlässiger Manier den verletzten Torhüter Tim Wiese. Auch dank seines Rückhalts gewann Werder sowohl das DFB-Pokal-Viertelfinale gegen Hoffenheim, das Europa-League-Heimspiel gegen Twente Enschede als auch das schwere Bundesliga-Auswärtsspiel in Mainz. Wenige Wochen später, Ende März, zog sich der 30-Jährige eine langwierige Schambeinentzündung zu. Mehrere Monate war an die Teilnahme am Mannschaftstraining nicht zu denken. Einzig unzählige Kraftraum-Stunden und Fahrrad-Runden um den Werder-See tolerierte der Körper, bis Vander im Herbst endlich wieder halbwegs aufatmen durfte und mit dem Lauftraining beginnen konnte. „Ich kam ich mir vor, als würde ich für die ‚Tour de France‘ trainieren, aber nun fühle ich mich langsam wieder wie ein Fußballer“, sagte Vander.

Foto: Getty Images

Zentimeterarbeit

Ein Privileg genießt Tim Wiese als Torhüter im Vergleich zu den zehn Mitakteuren seines Teams. Er darf – zumindest in einem abgegrenzten Raum – beide Hände zu Hilfe nehmen, um bestmöglich zu verhindern, dass unablässig die Bälle hinter ihm einschlagen. Kaum eine andere Position im Fußball polarisiert so sehr und entscheidet gleichsam derart häufig über positive oder negative Ausgänge eines Spiels. Sein Tagwerk ist oft Zentimeterarbeit, es hängt von Reflexen, Sicherheit, Aufmerksamkeit, Ausstrahlung, Nervenstärke und noch vielem mehr ab. Nur wenigen anderen Torhütern in Deutschland gelingt das so gut wie Tim Wiese.

Foto: Pressefoto ULMER

Wir sind ein Team

Die berühmte Raute, unverkennbares Symbol des SV Werder Bremen: Weit über Europas Grenzen hinaus ist sie bekannt. Naldo trägt sie seit fünf Jahren auf seiner Brust, die Anhänger schwingen sie auf ihren Fahnen, zeichnen sie auf ihre Banner, präsentieren sie auf Trikots oder Schals. Die Raute bildet das verbindende Erkennungsmerkmal aller Grün-Weißen. Ob die elf Werder-Profis auf dem Rasen, das Trainer- und Betreuerteam, die Auswechselspieler auf der Bank oder die mitfiebernden Fans auf den Rängen: Wir sind ein Team, und nur zusammen können wir es schaffen.

Fotos: Pressefoto ULMER

Foto: Getty Images

Jubelarie für das Ensemble

Ein Pulk aus acht Werder-Profis hat sich an der Eckfahne zu einem beschwingten Anlass zusammengefunden. Gemeinsam feiern sie einen Treffer des hier von seinen Mitspielern verdeckten Marko Arnautovic gegen den 1. FC Köln. Auch in diesem Jahr zählte Werders Offensivabteilung wieder einmal zum gefährlichsten, kombinationsfreudigsten, technisch versiertesten, torhungrigsten und erfolgreichsten Angriffsensemble, das die Bundesliga zu bieten hat. Die Jubelarie des von ihren Lieblingen verwöhnten Publikums im Weser-Stadion erschallt im Rücken der Stars.

Wachsames Auge

Seit elf Jahren gibt es nichts, kein noch so kleines Detail, das den wachsamen Augen von Geschäftsführer Klaus Allofs entgeht. Sein Wort hat Gewicht, er verfügt über jahrzehntelange Erfahrung im Geschäft. Seit Klaus Allofs und Thomas Schaaf 1999 gemeinsam das sportliche Ruder übernahmen, ist der SV Werder Bremen zu einer unverrückbaren Institution in Fußball-Europa herangewachsen.

Foto: Pressefoto ULMER

Keine Schonzeit

Roberto Rosales von Werders Champions-League-Gegner FC Twente Enschede legt hier seine Hand keineswegs schützend auf Philipp Bargfrede (re.). Vielmehr sieht sich Werders Mittelfeldspieler einem intensiven Zweikampf ausgesetzt. Die aufstrebenden Talente der Grün-Weißen werden früh auf höchstem Niveau gefordert – ein wichtiger Baustein auf dem Weg zum etablierten Bundesliga-Profi. Bargfrede ist diesen Weg zuletzt gegangen, hat sich einen festen Platz in der Mannschaft erarbeitet und ist Vorbild für den Nachwuchs beim SV Werder.

Foto: picture-alliance

Fotos: Getty Images

‚Königs(klassen)kinder'

Was kann es Schöneres geben, als für Werder Bremen Tore in der Bundesliga zu erzielen? Richtig: für Werder Bremen Tore in der Königsklasse zu erzielen. Claudio Pizarros Treffer in der Verlängerung der Partie in Genua sicherte das Erreichen der UEFA Champions League. Dadurch wiederum erhielt Marko Marin die Möglichkeit, bei seinem Debüt in diesem Wettbewerb den 2:2-Ausgleich gegen Tottenham Hotspur zu besorgen. Mikaël Silvestre und Petri Pasanen wissen sich gebührend dafür zu bedanken (Foto re.).

SILVESTRE
WERDER

Der stille Arbeiter

Nur ein einziger Spieler steht noch länger ohne Unterbrechung in Diensten der Bundesliga-Mannschaft des SV Werder Bremen als Petri Pasanen. Genau fünf Tage, bevor der Finne die Unterschrift unter seinen Vertrag bei den Grün-Weißen setzte, hatte sich der Club im Juli 2004 die Dienste Daniel Jensens gesichert. Der große Rummel ist Pasanen seither fremd geblieben. Markige Sprüche sucht man beim stillen Arbeiter ohnehin vergebens. Besonnen, bodenständig, in höchstem Maße loyal vollbringt er seit sechs Jahren seine verschiedenen Aufgaben in der Viererkette.

Foto: Pressefoto ULMER

Fair Play geht vor

Es sind beeindruckende Zahlen, die Per Mertesackers Bundesliga-Saison 2009/2010 begleiteten. Der Innenverteidiger kam auf 33 Einsätze, die er alle von der ersten Minute bis zum Abpfiff absolvierte. Dabei bestritt er 669 Zweikämpfe, wobei er insgesamt nur 27 Fouls beging und keine einzige gelbe Karte kassierte. Das Sportmagazin ‚kicker' krönte den Nationalspieler ob dieser reichhaltigen Argumente zum ‚Fairplayer der Saison'. Nicht verschwiegen werden sollen bei seinen großartigen Defensivqualitäten jedoch die fünf auf sein Konto gehenden Tore. Sie bedeuteten die Einstellung des Karriererekords – 2005/2006 war er bereits für Hannover 96 fünf Mal in einer Spielzeit erfolgreich gewesen.

Foto: Getty Images

Spaß muss sein

Wenn der Abpfiff ertönt, das Spiel gewonnen und die Anspannung allmählich der Lockerheit gewichen ist, dann darf sich das auch auf das Gemüt der Spieler übertragen. Denn bei aller Konzentration und allem Ernst, die das Profigeschäft tagtäglich abverlangen – für den Erfolg bleibt auch der Spaß an der Arbeit eine elementare Voraussetzung. Allerdings, den Kalauer, der in diesem Falle Marko Arnautovic und Tim Wiese (Foto re.) so lauthals lachen beziehungsweise ausgelassen kichern lässt, würde wohl jeder Beobachter auch gerne erzählt bekommen.

Fotos: Pressefoto ULMER

Wir sehen uns...

Wo ist nur die Zeit geblieben? Die Monate sind mal wieder rasend schnell ins Land gegangen. Viele Ereignisse haben sich bei Mannschaft und Fans ins Gedächtnis eingebrannt. Im Kalenderjahr 2010 hatten die Grün-Weißen wettbewerbsübergreifend 51 Pflichtspiele zu absolvieren. In dieser Summierung fehlen unter anderem noch sämtliche Testpartien und die zusätzlichen Strapazen, die das WM-Jahr für die vielen Nationalspieler im Kader der Grün-Weißen bereithielt. Das alles hat Spuren hinterlassen, nicht nur bei Sandro Wagner, Tim Wiese oder Tim Borowski. Clemens Fritz' Wink (Foto re.) deutet es jedoch an: „Wir sehen uns wieder..." In alter Frische. Im Jahr 2011.

Foto: nordphoto

Foto: Pressefoto ULMER

Zum Greifen nah

Auge in Auge mit dem Kapitän: Zum Greifen nah für die Fans bedankt sich Torsten Frings für die fantastische Unterstützung. Man kennt und schätzt sich ja schon eine ganze Weile. Am 15. Februar 1997 feierte der kurz zuvor von Alemannia Aachen verpflichtete 20-Jährige sein Bundesliga-Debüt. Im Sommer 2002 verließ er Bremen, machte Station bei Borussia Dortmund und beim FC Bayern München, um 2005 in die fußballerische Wahlheimat zurückzukehren. Mehr als 13 Jahre und sieben Monate nach der Premiere lief Frings am 25. September 2010 gegen den Hamburger SV zum 300. Mal für den SV Werder Bremen in der Bundesliga auf.

Foto: INSIDE-PICTURE

Hallo, Ostkurve!

Sie ist das Herzstück und zugleich die Heimat der aktivsten und lautesten Fans der Grün-Weißen: die Ostkurve. Im August 2010 erlebte die Mannschaft bereits einen Vorgeschmack dessen, was es stimmungstechnisch bewirken wird, wenn der Umbau hinter dem Tor vollständig abgeschlossen ist. „Die Perspektive im Stadion hat sich total verändert, es ist alles viel enger. Beim Jubel ist das eine schöne neue Erfahrung, so nah bei den Fans zu sein", war nicht nur Per Mertesacker hellauf begeistert.

Foto: T. Grziwa

Keine Atempause

Was bei der Vorstellung im April 2008 noch eine virtuelle 3D-Präsentation war, ist heute fast schon komplett in die Realität umgesetzt. Keine Atempause, Geschichte wird gemacht, es geht voran. Das ‚Heimspiel für die Zukunft' rückt stündlich näher, Tag und Nacht wird gearbeitet, damit der Bau des ‚neuen' Weser-Stadion so schnell wie möglich abgeschlossen werden kann. Die futuristischen und hochmodernen Photovoltaik-Fassaden auf dem Dach und den Außenwänden bilden die ästhetisch einzigartige Hülle der nun reinen Fußball-Arena.

Foto: maßstab

Gehobene Schneiderei

Auch auf dem Laufsteg der anspruchsvollen und gehobenen Schneiderei geben die Werder-Profis ein gefälliges Bild ab. Doch selbst beim nicht alltäglichen Foto-Shooting von Werders Business-Ausstatter ROY ROBSON und Schuhpartner LLOYD Shoes im Weser-Stadion durfte das liebste Arbeitsgerät von Wesley, Tim Borowski, Clemens Fritz, Naldo und Philipp Bargfrede (v. li.), in diesem Fall ein originaler brauner Lederball, nicht fehlen.

Fotos: C. Heidmann

Fotos: nordphoto

Kontinuität im Quintett

Die Tage, an denen ein Trainer und sein Assistent genügten, um ein Team in Höchstform zu bringen, liegen tief in prähistorischer Ferne des Fußballs. Werders Cheftrainer Thomas Schaaf schätzt sich seit Jahren glücklich, ein rat- und tatkräftiges Team mit den Co-Trainern Wolfgang Rolff und Matthias Hönerbach, Torwarttrainer Michael Kraft sowie Fitnesscoach Yann-Benjamin Kugel an seiner Seite zu wissen. Gemeinsam legt das kompetente Quintett in ungezählten Stunden der Anleitung, Vor- und Nachbereitung jedes Spiels, jeder Trainingseinheit, jedes taktischen Schachzugs, jeder einzelnen Übungsform den Grundstein für die Erfolge der Bundesliga-Mannschaft.

ECHT
DAS WERDER FAN-BIER WÜNSCHT EINE TOLLE SAISON
WERDER BREMEN
WIR: DIE NUMMER 12
Europa-Pokalsieger der Pokalsieger 1992
Deutscher Meister
100% WERDER
WERDER BREMEN
Supercup-Gewinner
Pokalsieger 1961/1991/1994/1999
100% WERDER
12
HAAKE-BECK
ECHT HAAKE-BECK
WERDER

Foto: imago

Unerschöpflich

Fußball? „Ich kann zu jeder Tages- und Nachtzeit darüber reden, das erschöpft sich nie. Egal, wen man trifft, man hat immer ein Thema. Das ist ja das Schöne am Fußball", offenbarte Thomas Schaaf einmal dem Magazin ‚11 FREUNDE'. Fußball, schon immer sollte es der Fußball sein: „Das betrachte ich als mein wahres Privileg: Zu tun, was ich am liebsten mag." Geschäftsführer Klaus Allofs (li.) gehört aus verständlichen Gründen zu den am häufigsten gewählten Gesprächspartnern des Werder-Cheftrainers.

100 JAHRE DODENHOF,
100% BEGEISTERUNG.
100 Jahre dodenhof,
das heißt 100 Jahre Shoppingvergnügen,
bester Service, größte Auswahl und beste Preise.
Seit 100 Jahren sind wir immer für unsere Kunden da.
Feiern Sie mit uns!
100 JAHRE
100% DODENHOF
WERDER BREMEN
TEAM 11
SPONSOREN-TEAM
28869 Posthausen, Tel. 04297-30
www.dodenhof.de
Alles, was das Leben schöner macht.
dodenho

Foto: Pressefoto ULMER

Der Mann mit der Maske

Das Gegenteil von dem, wofür Per Mertesacker jüngst eine Auszeichnung erhielt, nämlich Fair Play, musste er schmerzlich am eigenen Leib erfahren. Beim Länderspiel gegen Aserbaidschan im September 2010 rammte ihm Vagif Javadov den Ellenbogen mit voller Wucht ins Gesicht, was einen Bruch des Augenhöhlenbodens und in der Kieferhöhle sowie eine Platzwunde unter dem linken Auge zur Folge hatte. Zur Freude aller überstand Werders Vize-Kapitän die schlimme Verletzung in Rekordzeit und lief nur 18 Tage danach gegen den Hamburger SV mit einer schützenden Maske aus Plastik auf.

Foto: nordphoto

111 Jahre Erfolgsgeschichte

Am 4. Februar 1899 hoben einige Schüler den Fußballverein ‚Werder' von 1899 aus der Taufe. Zuvor hatten sie einen Fußball beim Tauziehen gewonnen und diesen ausgiebig auf dem Stadtwerder dem Praxistest unterzogen – wodurch gleichzeitig die Namensfindung erleichtert wurde. Am 4. Februar 2010 versammelten sich ihre Ahnen, um einen Club zu feiern, der nunmehr seit 111 Jahren Menschen zusammenbringt, Emotionen erzeugt, Höhen und Tiefen erlebt hat, sympathisch, bescheiden und erfolgreich seine Herausforderungen angeht. Bremens Bürgermeister Jens Böhrnsen hielt die erste Laudatio: „Ich beglückwünsche Werder zu dieser Erfolgsgeschichte und gratuliere der Stadt zu diesem Club. Er ist ein grandioser Imageträger. Die Stadt sagt Danke dafür, dass ihr guter Name durch Werder in die Welt getragen wird." Das Jubiläumsspiel im Jubiläumstrikot gewann Werder einen Tag nach dem Geburtstag in der Bundesliga mit 2:1 gegen Hertha BSC Berlin. Siegtorschütze: Claudio Pizarro.

TARGOBANK
NIKE
FOOTBALL
.COM

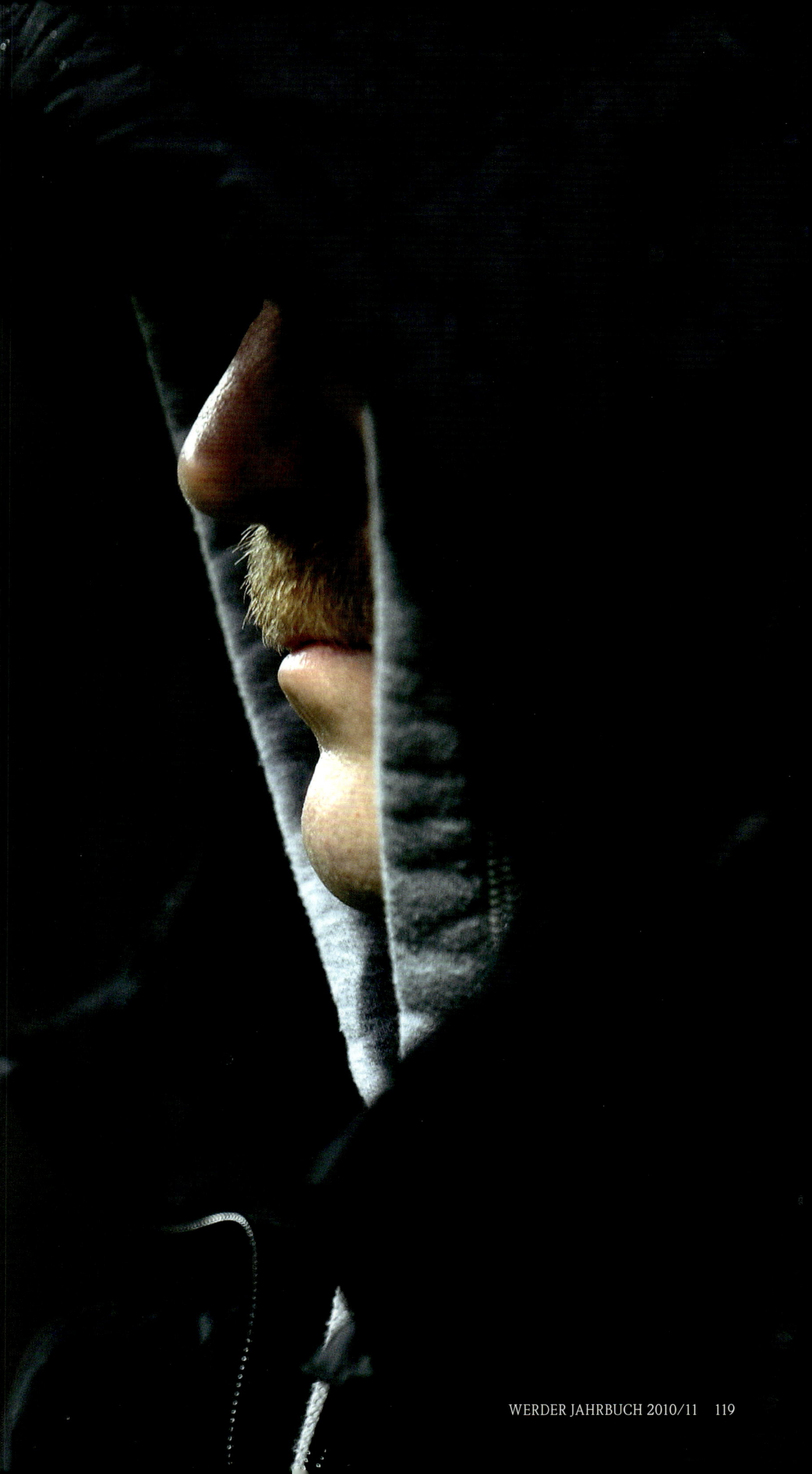

Obi-Wan Schaaf

Selbst wenn gerade Zehntausende brodelnde Zuschauer das Stadion bevölkern sollten, umweht dieses Stillleben eine beinah vollkommene Lautlosigkeit. Es würde einem im Traum nicht einfallen, Thomas Schaaf in diesem Moment der nahezu buddhistischen Konzentration und des absoluten In-sich-gekehrt-Seins zu stören. Und nein, Werders Cheftrainer wird im nächsten Augenblick kein Laserschwert ziehen, um sich tapfer der dunklen Seite zu stellen. Auch wenn es den Anschein hat, hier einem erfahrenen Jedi-Meister aus ‚Star Wars' ehrfürchtig entgegenzublicken.

Die Nr. 1
für mein Auto.
Weil die helfen, wenn's drauf ankommt.
• Sicherheit für Sie und Ihr Auto.
• Höchste Kundenzufriedenheit bei Haftpflicht – und Kasko.*
• In allen ÖVB Vertretungen, Sparkassen und unter www.oevb.de
Wir geben Bremen Sicherheit
ÖVB
Versicherungen
Jetzt zur ÖVB wechseln!
ÖVB 111
ÖVB
OFFIZIELLER VERSICHERUNGSPARTNER
*KUBUS/Zeitschrift AUTO Straßenverkehr 1/2 2009.
Finanzgruppe

Bescheiden und unverwechselbar

Regentropfen haben sich nach Abpfiff dieses Champions-League-Spiels über die Werder-Raute gelegt. Die letzten Zuschauer verlassen ihre Plätze. Kurz zuvor noch fieberte das gebannte Publikum im Weser-Stadion mit den Grün-Weißen. Und dabei immer mit im Fokus: das berühmte Club-Logo. Entstanden im Jahr 1929, „ist die Raute seitdem das Symbol für alle Werderaner: Klein, bescheiden, unverwechselbar wird sie auf dem Herzen getragen“, so Geschäftsführer Klaus-Dieter Fischer. Manchmal findet sie auch ihren Platz auf dem Dach der Trainerbank am Spielfeldrand.

Foto: nordphoto

„Erzähl mir von der Champions League“

„Du, Langer, erzähl mir von der Champions League. Wie war das bei deinem Debüt?“, könnte Marko Marin hier Per Mertesacker fragen. „Tja, ehe du dich versiehst, trittst du gegen Ronaldinho, Eto’o, Messi oder Iniesta an“, könnte ‚Mertes‘ Vorfreude schürende Erinnerung lauten. Ende September 2006 lief der Innenverteidiger erstmals überhaupt im Werder-Trikot auf. Zu Gast war der amtierende Champions-League-Sieger FC Barcelona.

Foto: nordphoto

WOANDERS HINGEHEN IMMER FEHLER!
HIER KAUFT AILTON SEINE GETRÄNKE!
HOL'AB!
Getränke Markt
Einfach hin und weg!

Bank-geflüster

Sichtlich fröhliche Augenblicke genießen hier Wesley und Sandro Wagner (Foto oben, v. li.). Der Brasilianer darf sich über seine gelungene Integration in der neuen Heimat freuen, während Wagner nach auskuriertem Kreuzbandriss in der Bundesliga angreifen kann. Wobei: Auch jenes heitere Bankgeflüster werden die Spieler liebend gerne gegen das gemeinsame Bejubeln von Erfolgen auf dem Feld mit den Kollegen Per Mertesacker, Hugo Almeida, Naldo und Clemens Fritz (v. li.) eintauschen.

Foto: Getty Images

Foto: INSIDE-PICTURE

Lassen Sie Ihr Hemd ruhig an: unser neuer VIP-Service öffnet Ihnen Tor und Tür zu einem Zuhause ganz nach Ihren Wünschen. Mieten, kaufen oder verkaufen als Heimspiel für Sie. Ganz ohne Lauferei.
NEUE 4 WÄNDE GESUCHT
Offizieller Partner von:
| www.robertcspies.de |
Domshof 21
28195 Bremen
Tel. 0421/173 93-0
Fax 0421/173 93-30
ROBERT C. SPIES
IMMOBILIENBERATER SEIT 1919

Foto: M. Rospek

Leuchten im Nebel

Wie eine majestätische Baumkrone ragen die markanten Flutlichtmasten des Weser-Stadion seit 1978 weit über den höchsten Tribünenplatz hinaus. Seit Jahrzehnten sind sie ein Sinnbild für Fußball-Romantik, dabei vor allem auch aus weiter Entfernung ein unverkennbares Merkmal der Spielstätte. Und mal ganz ehrlich: Wären die ‚Wunder von der Weser', all die unvergesslichen Europapokal-Nächte, etwa gegen Spartak Moskau oder den BFC Dynamo, gegen Olympique Lyon oder Real Madrid, in einem Weser-Stadion vorstellbar gewesen, das nicht im Antlitz aufziehenden Nebels und gleißenden Mondscheins von gut 1.400 Lux durchtränkt wird?

Sponsoren-Pool

TARGOBANK – So geht Bank heute.
HAUPTSPONSOR

Nike
AUSRÜSTER

Beluga Shipping · Volkswagen
TOP-SPONSOREN

InBev · Böklunder · EWE TEL
CO-SPONSOREN

Coca-Cola · Kraft Foods · Vilsa Brunnen · Pohl Boskamp
PARTNER-SPONSOREN

Allgeier IT Solutions · Würth · Schüco · Adecco · Bauhaus · Paddock's · Wodka Gorbatschow
WERBEBANDEN-SPONSOREN

Hol'ab! · Deutsche ProVentus AG · Meyerhoff · ÖVB Versicherungen · Müller Licht · Bekunis aktiv · Weser Kurier · swb · dodenhof · OHB Technology · radiobremen
TEAM 11-SPONSOREN

AOK · OLT · BLG Logistics · Roy Robson · City Airport Bremen · Cinemaxx · Sports life
REGIO-SPONSOREN

Lloyd · Comkopie · Schöller · Stadler · KaffeePlan · Robert C. Spies
SUPPLIER

Weser Stadion
STADIONPARTNER: swb · EWE

Stand: 01.10.2010

Eine starke Partnerschaft

Zu Beginn der Spielzeit 2010/2011 haben die TARGOBANK und der SV Werder Bremen die vorzeitige Verlängerung des Sponsoringvertrags um ein weiteres Jahr bekanntgegeben. Der Schriftzug TARGOBANK wird damit mindestens bis zum Ende der Spielzeit 2011/2012 die Trikots der Grün-Weißen zieren und auch in Zukunft an prominenter Stelle im Weser-Stadion zu sehen sein.

„**Die 2007** begonnene Zusammenarbeit mit Werder Bremen hat unsere Bekanntheit als führende Privatkundenbank deutlich gesteigert", sagt Franz Josef Nick, Vorstandsvorsitzender der TARGOBANK. „Werder ist der sympathischste Fußball-Verein in Deutschland, sein eingespieltes Management schafft es seit Jahren, mit vergleichsweise bescheidenen Mitteln eine Mannschaft zu formen, die die Fans auf nationaler und internationaler Ebene mit attraktivem und erfolgreichem Fußball begeistert. Die TARGOBANK setzt ebenfalls auf attraktive Produkte und Fairness im Umgang mit den 3,4 Millionen Kundinnen und Kunden. Auch deshalb passen Werder und die TARGOBANK so hervorragend zusammen."

Die Fans des SV Werder können seit Saisonbeginn bei der TARGOBANK-Fan-Aktion ‚Wir sind Werder' mitmachen. Dabei werden Fotos von Werder-Fans auf die Internetseite ‚So-geht-Bank-heute.de' hochgeladen und bilden dort als Mosaik ein Mannschaftsfoto.

Die Verantwortlichen des SV Werder Bremen und der TARGOBANK wollen die Zusammenarbeit über das Sponsoring hinaus intensivieren. So wurde die TARGOBANK gebeten, den Club bei der Installation eines elektronischen Zugangssystems zum Weser-Stadion und beim bargeldlosen Bezahlen zu unterstützen. Ein Wunsch, den die TARGOBANK gerne erfüllt. „Als Unternehmen, das über sehr viel Wissen im Betreiben von kartenbasierten Bezahlsystemen verfügt, helfen wir Werder selbstverständlich gerne", sagt Nick.

Top-Sponsoren

Weltweiter Marktführer

Sportartikelhersteller Nike ist nicht nur weltweiter Marktführer in der Sportausrüstungsbranche, sondern seit der Saison 2009/2010 auch Werder-Ausrüster. Das Unternehmen verzeichnet Rekordumsätze von 19,4 Milliarden US-Dollar und beschäftigt weltweit mehr als 30.000 Mitarbeiter. Hauptsitz der Region AGS (Österreich, Deutschland und Schweiz) ist Frankfurt.

Carl Grebert, General Manager Nike Region AGS, sagt: „Nike ist eine der stärksten Marken der Welt – für unseren Erfolg im deutschsprachigen Raum ist es von größter Bedeutung, die globale Kraft der Marke sinnvoll zu steuern und auf lokaler Ebene erfolgreich umzusetzen. Das heißt, dass wir den Markt, die Handelspartner und die Verbraucher genau verstehen und ihre Bedürfnisse kennen müssen. Hier haben wir den richtigen Weg eingeschlagen haben."

Für Nike stehen Innovation, Inspiration und Authentizität im Fokus, was den engen Kontakt gerade zu den Spielern erklärt. Deren Erfahrungen und Bedürfnisse sind ein wesentlicher Teil von allem, was bei Nike Football geschieht. In wenigen Jahren katapultierte sich Nike an die Spitze des Fußballmarkts und ist heute in vielen Ländern die Nummer eins in dieser Sportart.

Ein Schwerpunkt liegt auf sozialen Projekten, darunter die Initiative ‚Let Me Play', die im deutschsprachigen Raum unter der Marke ‚Spielraum' weit über den Bau von Bolzplätzen hinausgeht.

Soccer is our passion.

Water is our element.
Shipping is our business.
Soccer is our passion.
Kontrollierte Offensive, technisches Geschick, junge Talente, erfahrene Experten – den SV Werder Bremen und Beluga Shipping verbinden eine seit Jahren enge Partnerschaft sowie ähnliche Ideale und Strategien. Zwei starke Mannschaften, die mit hanseatischem Kalkül auch in der Zukunft erfolgreich sein werden.

Auf den Weltmeeren zuhause, an der Weser verankert, in Bremen und umzu zudem gesellschaftlich engagiert: Die Projekt- und Schwergutreederei Beluga Shipping verbindet maritime Tradition mit unternehmerischer Weitsicht. Im Stammsitz auf dem Bremer Teerhof und in 14 Niederlassungen in aller Welt arbeiten gut 550 Spezialisten, an Bord 1.500 Seeleute, um herausfordernde Aufträge mit kreativen Lösungen umzusetzen. Auf den rund 70 Mehrzweck-Schwergutfrachtern der Flotte mit Krankapazitäten von bis zu 1.400 Tonnen werden beispielsweise Windkraftanlagen, Fabrikmodule, Komponenten für Kraftwerke, Hafenkräne, Containerbrücken, Fähren und Yachten transportiert. Im Joint Venture ‚Beluga Hochtief Offshore' entstehen für die Installation von Windkraftanlagen Offshore-Errichterschiffe der neuen Generation – Heimathafen Bremen.

SV Werder Bremen und Beluga Shipping: Auch 2011 zwei engagierte Teams mit viel Esprit.

Leidenschaft, die bewegt.

Zwei Marken gehen unter dem Motto ‚Leidenschaft, die bewegt.' weiterhin gemeinsame Wege. Volkswagen ist offizieller Automobil-Partner und Top-Sponsor des SV Werder Bremen. Im Rahmen der Kooperation wird Werder ein exklusiver Fuhrpark zur Verfügung gestellt. Die diesjährige Übergabe der Fahrzeuge an die Profis glich dem Start beim legendären Rennen von Le Mans. Cheftrainer Thomas Schaaf sieht die Zusammenarbeit mit Europas größtem Autohersteller durchweg positiv: „Ich finde es gut, dass wir weiterhin mit Volkswagen unterwegs sind."

Volkswagen transportiert die Leidenschaft auch zu den Fans: Darunter fallen unter anderem das soziale Engagement ‚Kids am Ball' für Kinderheime und Fußball-Mannschaften sowie die Ballkind-Aktion, wenn für junge Fans der Traum als Ball- oder Einlaufkind verwirklicht wird.

Darüber hinaus präsentiert sich Volkswagen durch zahlreiche Aktivitäten am Weser-Stadion an Spieltagen sowie in der Region und vermittelt umweltbewusste Denk- und Handlungsansätze, wie z. B. den Leitgedanken ‚Think Blue.' und die darunter fallenden BlueMotion Modelle.

Weitere Informationen rund um die Kooperation, Fahrszenen der Spieler, die aktuellen Fahrzeugmodelle und Gewinnspiele gibt es im Internet unter *www.volkswagen-werder.de.*

Volkswagen wünscht weiterhin eine erfolgreiche Saison!

Partner des Weser-Stadion

Mit einem wegweisenden Projekt engagieren sich die Stadionpartner EWE und swb für eine umweltschonende und nachhaltige Energieversorgung des Bremer Weser-Stadion. Beim Bau der hochmodernen Photovoltaik-Anlage arbeiten sie eng mit der Bremer Weser-Stadion GmbH (BWS) und dem SV Werder Bremen zusammen.

Die Anlage besteht aus 200.000 Solarzellen, die zusammen eine Fläche von etwa 16.000 Quadratmetern ausmachen. Das entspricht mehr als zwei Fußballfeldern. Durch diesen effizienten Einsatz erneuerbarer Energien wird der CO_2-Ausstoß erheblich reduziert und somit die Umwelt entlastet. Parallel erzeugt die innovative Photovoltaik-Anlage jährlich Strom für etwa 300 Haushalte.

Das Weser-Stadion hat im Zuge des Umbaus auch eine neue Heizzentrale bekommen, die öffentlich zugängig ist. Hier werden hochmoderne Heizsysteme gezeigt, die das Stadion nicht nur mit der nötigen Energie versorgen, sondern die auch einen wesentlichen Beitrag zu einer umweltfreundlichen Energieversorgung der Fußball-Arena leisten. Unter anderem werden mit einer Mikrogasturbine gleichzeitig Wärme und Strom erzeugt. Eines der wenigen innerstädtischen Stadien Deutschlands hat damit einen weiteren Schritt zu einer modernen und umweltfreundlichen Energieversorgung gemacht.

Alles für den Fan

Wuseum
Werder Bremen Museum

Öffnungszeiten:
täglich 10.00 – 17.45 Uhr
(an Spieltagen bis 1 Stunde vor Spielbeginn)

Eintrittspreise:
- Vollmitglieder 2,50 € (ermäßigt 1,25 €)
- Fördermitglieder 4,00 € (ermäßigt 2,00 €)
- Nichtmitglieder 5,00 € (ermäßigt 2,50 €)
- Ermäßigungen (bei Nachweis mit gültigem Ausweis): Jugendliche bis 18 Jahre, Auszubildende, Wehrdienstleistende, Schüler, Studenten, Schwerbehinderte, Arbeitslose

Stadionführungen

(inkl. WUSEUM)
▶ **Marika Diesing**
Anmeldung:
Tel.: 0180 5 - 937 337
Fax: 04 21 - 49 05 06
E-Mail: *info@werder.de*
- Für Gruppen ab 10 Personen
- Erwachsene 4,00 € (ermäßigt 2,00 €)

Kindergeburtstage

Gestalten Sie den Kindergeburtstag im Weser-Stadion nach Ihren Wünschen:
- Für Kinder im Alter von 5-14 Jahren
- Gruppen ab 10 bis max. 15 Kinder
- Buchbar von Montag bis Freitag
- Geburtstagspakete ab 8,00 € pro Kind inkl. Essen, Trinken, Stadionführung, WUSEUM-Quiz, Torwandschießen, Kickern sowie eine Wunder-Tüte für das Geburtstagskind
- Basteln von Werder-Buttons zusätzlich buchbar

Fan- und Mitgliederbetreuung

Franz-Böhmert-Straße 1c
28205 Bremen

Abteilungsleitung
▶ **Julia Ebert**
Tel.: 04 21 - 43 45 94 800
Mobil: 01 52 - 53 23 90 33
E-Mail: *julia.ebert@werder.de*
Fax: 04 21 - 43 45 94 850

Fanbeauftragter
▶ **Dieter Zeiffer**
Tel.: 04 21 - 43 45 94 801
Mobil: 01 52 - 53 23 90 34
E-Mail: *dieter.zeiffer@werder.de*
Fax: 04 21 - 43 45 94 850

Fanzentrum Ostkurvensaal
Veranstaltungsraum mit Aktivitäten von Fans für Fans. Vor und nach jedem Heimspiel treffen sich hier die Fans von Werder Bremen und die Fans des Gastvereins. Werder-Auswärtsspiele werden auf der Großbildleinwand gezeigt. Räumlichkeiten können für Veranstaltungen gemietet werden.
- Verantwortlich: Fan-Projekt Bremen e. V.

Dachverband der Bremer Fanclubs
▶ **Uwe Jahn**
Fleetrade 65
28207 Bremen
Tel.: 04 21 - 49 80 26
Mobil: 01 72 - 400 10 50

100% WERDER!

Fan-Projekt Bremen e. V.
Jugendarbeit mit und für Fans von Werder Bremen
- Ansprechpartner: Manfred Rutkowski, Thomas Hafke, Jens Höhn (Sprechzeiten nach Vereinbarung),
- Mädchenarbeit: Susanne Franzmayer (Sprechzeit: Mi., 17 – 19 Uhr)

Franz-Böhmert-Straße 5
28205 Bremen
Tel.: 04 21 - 49 80 24
Fax: 04 21 - 49 80 25
Internet: *www.FanProjektBremen.de*
E-Mail: *info@FanProjektBremen.de*

Anfahrt

Mit öffentlichen Verkehrsmitteln
Ab Hauptbahnhof: Richtung Sebaldsbrück (Straßenbahnlinie 10); ab Stadtmitte: Richtung Weserwehr (Linie 2 und 3); Sonderbusse aus allen Stadtteilen (Eintrittskarte = Fahrausweis).

Mit dem Auto
(A 1) Aus Richtung Hamburg: Ausfahrt Hemelingen; aus Richtung Osnabrück: Ausfahrt Arsten; (A 27) aus Richtung Bremerhaven und aus Richtung Hannover: Ausfahrt Vahr. Folgen Sie den Hinweisen und nutzen Sie den Park-and-Ride-Service der BSAG (überall gut ausgeschildert).

Fanartikel

Werder Bremen Fan-Service GmbH
▶ **Petra Stelljes**
Geschäftsführung
Hoerneckestr. 11/13,
28217 Bremen
Tel.: 01 80 5 - 32 67 46
(0,14 €/Min. a. dtsch. Festnetz; ggf. abweichende Preise a. d. Mobilfunknetzen)
Fax: 04 21 - 499 95 97

Bestelladresse:
Werder Bremen
Fan-Service GmbH
Hoerneckestr. 11/13,
28217 Bremen
Tel.: 01 80 5 - 32 67 46
Fax: 01 80 5 - 00 39 68

Verkaufsstelle:
Werder Fan-Welt
Franz-Böhmert-Straße 5
28205 Bremen

Öffnungszeiten:
Mo. – Fr.: 9 – 18 Uhr,
Sa.: 10 – 15.30 Uhr
- Samstags an Spieltagen: 10.00 Uhr – ca. 1 Std. nach Spielende
- Sonntags an Spieltagen: 2 Std. vor Spielbeginn – ca. 1 Std. nach Spielende

(während der Spiele ist die Werder Fan-Welt geschlossen)

FRITZ
8
MARIN
10
24

Fotos: Getty Images

Prominente Unterstützung *Werder-Profi Torsten Frings und seine Mitspieler warben in der Hinrunde der Saison 2010/2011 mit dem Logo auf dem Trikotärmel für die ‚Werder Bremen Stiftung'.*

‚Werder Bremen Stiftung'

Das soziale Engagement des SV Werder Bremen ist vielfältig *(siehe auch Seite 137)*. Um karitative Projekte und Einrichtungen auch finanziell unterstützen zu können, haben der Sport-Verein „Werder" von 1899 e. V. und die SV Werder Bremen GmbH & Co KG aA am 01.07.2009 die ‚Werder Bremen Stiftung' gegründet. Sie dient der Förderung des Sports, der Bildung und Erziehung, der Völkerverständigung, der Gewaltprävention sowie mildtätiger Zwecke. Gefördert werden ausgewählte Projekte im In- und Ausland im sozialen, sportlichen und ausbildenden Bereich.

Die Bewilligung von Anträgen erfolgt jedes Jahr zum 31. August, die Ausschüttung von Geldern zum 30. September. Der dreiköpfige Vorstand der ‚Werder Bremen Stiftung' mit Klaus-Dieter Fischer, Manfred Müller und Dr. Hubertus Hess-Grunewald sichtet die Anträge und spricht dem Stiftungsrat Empfehlungen aus.

WERDER TUT GUT
SV WERDER BREMEN
STIFTUNG

Geförderte Projekte 2010

- Schulzentrum an der Alwin-Lonke-Straße Bremen mit dem Projekt ‚Lernen und Arbeiten im ehemaligen KZ Sachsenhausen'
- Aids-Hilfe Bremen: ‚Lesson4life'
- Pan-Afrikanischer Kulturverein: ‚Mandela-Cup'
- Verein Bremische Straffälligenbetreuung: ‚Laufend kaufen – Jugend kalkuliert'
- Release e. V.: ‚Life is a stage'
- Bremer Krebsgesellschaft: ‚Lauf zur Venus'
- Beluga School for Life: ‚SPIN'-Projekt
- Waller Beschäftigungs- und Qualifizierungsgesellschaft (WaBeQ): Projekt deutsch-polnischer Jugendbegegnung in Bremen

Helfen Sie mit!

‚Werder Bremen Stiftung'
Franz-Böhmert-Str. 1 c
28205 Bremen

Ansprechpartnerin:
Anne-Kathrin Laufmann

Tel.: 0 18 05 - 93 73 37
E-Mail: werder-stiftung@werder.de
Internet: www.werder.de/soziales/stiftung.php

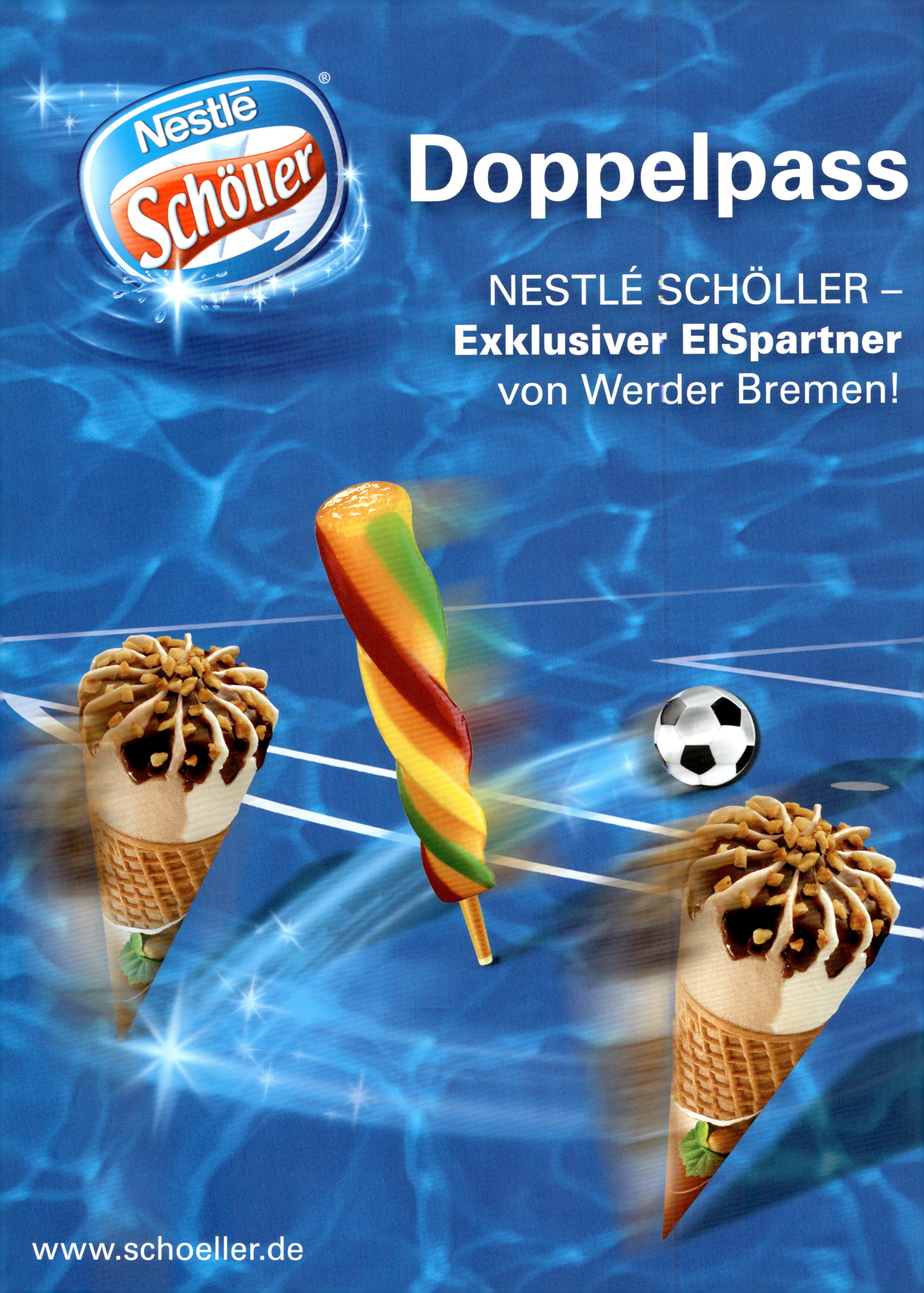
Nestlé
Schöller
Doppelpass
NESTLÉ SCHÖLLER –
Exklusiver EISpartner
von Werder Bremen!
www.schoeller.de

Werder-Initiativen

Kampf gegen Gewalt und Diskriminierung

Der SV Werder Bremen, das Fan-Projekt Bremen e. V. und der Dachverband Bremer Fan-Clubs haben ein Programm gegen Gewalt und Diskriminierung entwickelt, das mit der Verleihung des ‚Julius-Hirsch-Preis' durch den DFB im Jahr 2008 eine großartige Bestätigung erhalten hat.

▶ **Bisherige Aktionen und Maßnahmen sind unter anderen:**

- Verpflichtung aller Trainer, Betreuer und Jugendspieler zum FIFA-Ethik-Kodex, der zu Fair Play, Anti-Gewalt und Anti-Diskriminierung aufruft
- Trainer, Geschäftsführer und Spieler engagieren sich als Schirmherren für Antirassismus-Kampagnen
- Schaffung eines Antirassismus-Forums im Internet bei *www.werder.de*
- Ausländische Werder-Spieler stellen den Fans ihr Heimatland vor
- Verbot rechtsradikaler Kleidung im Weser-Stadion
- Entwicklung eines Werder-Ethik-Kodex gegen Gewalt und Rassismus
- Teilnahme an zahlreichen Fachveranstaltungen
- Banner der Fans von Werder Bremen gegen Rassismus im Weser-Stadion
- Straßenbahnaktion gemeinsam mit dem DFB und dem Bremer Fußball-Verband
- Workshops für Schulklassen zum Thema ‚Anti-Rassismus/Anti-Diskriminierung' in Zusammenarbeit mit dem Fan-Projekt Bremen e. V.

Sozialmanagement

Der SV Werder Bremen hat bereits in der Vergangenheit immer wieder deutlich gemacht, dass die Buchstaben ‚SV' im Vereinsnamen nicht nur für ‚Sport-Verein', sondern auch für ‚Soziale Verantwortung' stehen. Dass die zum Verantwortungsbereich von Klaus-Dieter Fischer (Geschäftsführer Leistungszentrum, Frauenfußball, andere Sportarten, Sozialmanagement der SV Werder Bremen GmbH & Co KG aA und Präsident des Sport-Verein ‚Werder' von 1899 e. V.) gehörende Abteilung Sozialmanagement inhaltlich und personell in den vergangenen Jahren weiter gewachsen ist, unterstreicht das, ist jedoch nur ein Beleg dafür.

▶ **Bisherige Projekte und Aktionen:**

- Projekt ‚100 Schulen – 100 Vereine', bei dem sportliches und soziales Engagement der Schulen und Vereine aktiv unterstützt werden.
- Aktion ‚100% fitter Werder-Partner': Partnerinstitutionen des SV Werder werden in einem jährlich stattfindenden Wettbewerb zu richtiger Ernährung und besserer Bewegung animiert.
- Partnerschaft mit der ‚SCORT Foundation': Im Rahmen des Partnerschaftsprogramms ‚Football Clubs for Development and Peace' unterstützt der SV Werder Bremen das ‚Special Youth Camp', ein Sport- und Erlebniscamp für Jugendliche mit geistiger Behinderung, und Jugendförderprojekte in ausländischen Krisengebieten.
- ‚Kids Club': Bietet für Kinder bis zum Alter von zwölf Jahren Aktionen im sportlichen, kulturellen und gesellschaftlichen Bereich. Exklusiv für den ‚Kids Club' wird die Ballschule angeboten, in der die Kinder Koordination und Ballgefühl verbessern können.
- Initiative ‚60plus': Für Vereinsmitglieder ab 60 Jahren werden Aktivitäten vom Theater- oder Museumsbesuch bis zu sportlichen Ausflügen und neuen Bewegungsgruppen angeboten, die mit Hilfe der Ideen und Wünsche der Mitglieder konzipiert wurden.
- Projekt ‚100% Werder-Partner': Erweiterung des Projekts ‚100 Schulen – 100 Vereine' um je 25 Kindergärten, Grundschulen, Sozialeinrichtungen und Ausbildungsbetriebe.
- ‚Windel-Liga': Kostenlose Vereinsmitgliedschaft für Neugeborene und ihre Familien mit speziellen Angeboten wie Babyschwimmen, Krabbelgruppen und Mütterfitness.
- ‚100% Werder WorldWide': Internationale Kooperation mit Schulen, Vereinen und anderen Einrichtungen.
- ‚SV Werder goes Ehrenamt': Freiwilligenprojekt in Kooperation mit dem ‚Verein für Innere Mission' zum Thema Integration. Ausgezeichnet als ‚Leuchtturmprojekt' vom Bundesministerium für Familie, Senioren, Frauen und Jugend.
- ‚Werder Bremen Stiftung': Stiftung mit dem Zweck, soziale Initiativen finanziell unterstützen zu können.

Stand: 01.10.2010

Geschäftsführung

Klaus Allofs

Position: Vorsitzender der Geschäftsführung, Geschäftsführer Profifußball und Öffentlichkeitsarbeit

Geburtsdatum: 05.12.1956
Geburtsort: Düsseldorf
Bei Werder seit: 07.10.1999

Bisherige Positionen: 01.07.2003 – 12.03.2009 Geschäftsführer Profifußball, 07.10.1999 – 30.06.2003 Vorstandsmitglied Profifußball

Spielerlaufbahn: 1990 – 1993 Werder Bremen, 1989 – 1990 FC Girondins de Bordeaux (Frankreich), 1987 – 1989 Olympique Marseille (Frankreich), 1981 – 1987 1. FC Köln, 1975 – 1981 Fortuna Düsseldorf

Trainerstation: Fortuna Düsseldorf (1999)

Größte sportliche Erfolge als Spieler:
Europameister 1980, EM-Torschützenkönig 1980, Vize-Weltmeister 1986, französischer Meister 1989 mit Olympique Marseille, deutscher Meister 1993 mit Werder Bremen, Europapokalsieger der Pokalsieger 1992 mit Werder Bremen, DFB-Pokal-Sieger 1979, 1980, 1983 und 1991, Bundesliga-Torschützenkönig 1979 und 1982

Bundesliga: 424 Einsätze / 177 Tore
Länderspiele: 56 / 17 Tore

Klaus Filbry

Position: Geschäftsführer Marketing, Management und Finanzen

Geburtsdatum: 09.01.1967
Geburtsort: Münster
Bei Werder seit: 01.01.2010

Ausbildung / Beruf:
Master of Business Administration (MBA), University of Bristol, Bachelor of Science, Illinois State University

2008 – 2009 Adidas AG, Vice President Global Football Sports Marketing, 2006 – 2008 Adidas AG, Vice President Sport Performance Divison, North America, 2004 – 2006 Adidas AG, Vice President Product, North America, 2000 – 2004 Adidas AG, Head of Individual Sports, Global, 1997 – 2000 Adidas AG, Head of Product, Region Europe, 1995 – 1997 Adidas AG, Business Unit Manager Basketball / Indoor, 1994 – 1995 Assistent der Geschäftsführung Adidas Deutschland

Klaus-Dieter Fischer

Position: Geschäftsführer Leistungszentrum, Frauenfußball, andere Sportarten, Sozialmanagement

Geburtsdatum: 27.12.1940
Geburtsort: Bremen
Bei Werder seit: 06.01.1955

Bisherige Positionen:
1999 – 30.06.2003 Vorstandsmitglied Leistungszentrum Fußball und andere Sportarten, 1974 – 1999 Vize-Präsident, 1970 – 1974 3. Präsident, Jugendbetreuer, Jugendtrainer, Schatzmeister der Amateurabteilung, Schiedsrichter

Weitere Position:
Präsident des Sport-Verein „Werder" von 1899 e. V.

Ausbildung / Beruf: Direktor der Bremer Verwaltungsschule und Leiter des Aus- und Fortbildungszentrums (bis 2003)

Stand: 01. 10. 2010

Eine Bank für Werder
Auch in dieser Saison zuverlässiger Partner an der Seite von Werder Bremen.
Für alle Werder-Fans in 11 Filialen in Bremen und Umgebung.
TARGO BANK
So geht Bank heute.

Aufsichtsrat

Willi Lemke

Position: Vorsitzender des Aufsichtsrats (seit 2005)
Geburtsdatum: 19.08.1946
Geburtsort: Pönitz / Ostholstein
Bei Werder Bremen seit: 25.06.1975
Bisherige Positionen: 1999 – 2004 Aufsichtsratsmitglied, 1999 – 2003 Aufsichtsratsmitglied, 1981 – 1999 Manager
Aubildung / Beruf: 1. St.-Ex. in Erziehungs- und Sportwissensch. / Wissenschaftl. Mitarb. der Unis Hamburg und Bremen, 1974 – 1981 SPD-Landesgeschäftsführer, Mitgl. der Deputation für Sport, 1998 – 1999 ehrenamtl. Lehrbeauftragter der Uni Bremen, 1999 – 2007 Senator f. Bildung u. Wissenschaft, 2007 – 2008 Senator f. Inneres u. Sport, seit 07.04.2008 Sonderberater des UN-Generalsekretärs für Sport im Dienst von Entwicklung und Frieden

Dr. Hubertus Hess-Grunewald

Position: Stellvertretender Vorsitzender des Aufsichtsrats (seit 2005)
Geburtsdatum: 14.10.1960
Geburtsort: Varel
Bei Werder Bremen seit: 28.08.1970

Bisherige Positionen: 1999 – 2004 Aufsichtsratsmitglied, 1993 – 1999 Vorstandsmitglied der Fußball-Amateurabteilung

Weitere Position: Vize-Präsident Sport-Verein „Werder" von 1899 e. V.

Ausbildung / Beruf: Jurastudium / Rechtsanwalt (Fachanwalt für Arbeitsrecht)

Dr. Werner Brinker

Position: Aufsichtsratsmitglied (seit 2004)
Geburtsdatum: 30.03.1952
Geburtsort: Lingen / Ems
Bei Werder Bremen seit: 01.07.2003

Ausbildung / Beruf: Dr.-Ing. Bauingenieurwesen, Vorsitzender des Vorstands der EWE AG

Gunnar Lübben-Rathjen

Position: Aufsichtsratsmitglied (seit 1999)
Geburtsdatum: 09.04.1964
Geburtsort: Bremen
Bei Werder Bremen seit: 02.08.1983

Bisherige Positionen: 1990 – 1999 Abteilungsvorsitzender Handball, 1984 – 1990 Sportwart Handball

Weitere Position: Abteilungsvorsitzender Handball

Ausbildung / Beruf: Maschinenbaustudium, Abschluss Diplom-Ingenieur / Head of Central Order Processing – Production Department der Fa. Atlas Elektronik GmbH

Hans Schulz

Position: Aufsichtsratsmitglied (seit 1999)
Geburtsdatum: 04.12.1942
Geburtsort: Halle / Saale
Bei Werder Bremen seit: 04.07.1953

Spielerlaufbahn: 1963 – 1964 Werder Bremen Amateure, 1964 – 1966 Werder Bremen, 1966 – 1971 Hamburger SV, 1971 – 1974 Fortuna Düsseldorf, 1974 – 1976 Alemannia Aachen

Sportliche Erfolge: Deutscher Meister 1965, Finale im Europapokal der Pokalsieger 1968, 214 Bundesliga-Spiele / 40 Tore

Ausbildung / Beruf: Textilkaufmann

Niels Stolberg

Position: Aufsichtsratsmitglied (seit 2008)
Geburtsdatum: 24.11.1960
Geburtsort: Brake/Unterweser
Bei Werder Bremen seit: 18.03.2004

Ausbildung / Beruf: Dipl.-Wirtschaftsingenieur für Seeverkehr, großes Kapitänspatent, Geschäftsführender Gesellschafter Beluga Shipping GmbH

Stand: 01.10.2010

Trainerteam

Thomas Schaaf

Position: Cheftrainer
Geburtsdatum: 30.04.1961
Geburtsort: Mannheim
Bei Werder seit: 01.07.1972
Spielerlaufbahn: bis 1978 Jugendspieler Werder Bremen, 1979 – 1994 Lizenzspieler Werder Bremen
Trainerlaufbahn: 1987 – 1988 B-Jugend Werder Bremen, 1988 – 1995 A-Jugend Werder Bremen, 1995 – 1999 Werder Bremen Amateure und Nachwuchs-Cheftrainer, seit 09.05.1999 Cheftrainer
Größte sportliche Erfolge als Spieler: Deutscher Meister 1988 und 1993, DFB-Pokalsieger 1991 und 1994, Europapokalsieger der Pokalsieger 1992, deutscher Supercup-Sieger 1988, 1993 und 1994 (alle Titel mit Werder Bremen), 2 Länderspiele U 21, 262 Bundesliga-Spiele / 13 Tore
Größte Erfolge als Trainer: Deutscher Meister 2004, DFB-Pokalsieger 1999, 2004 und 2009, Ligapokal-Sieger 2006, Erreichen der Champions League 2004 bis 2008, Erreichen des UEFA-Pokal-Finales 2009

Wolfgang Rolff

Position: Co-Trainer
Geburtsdatum: 26.12.1959
Geburtsort: Lamstedt
Bei Werder seit: 01.07.2004
Spielerlaufbahn: 1978 – 1980 OSC Bremerhaven, 1980 – 1982 Fortuna Köln, 1982 – 1986 Hamburger SV, 1986 – 1989 Bayer Leverkusen, 1989 – 1990 Racing Straßburg, 1990 – 1991 Bayer Uerdingen, 1991 – 1994 Karlsruher SC, 1994 – 1995 1. FC Köln, 1995 – 1996 Fortuna Köln
Trainerlaufbahn: 03 – 07/1997 Co-Trainer Hamburger SV, 01 – 07/1998 SV Meppen, 07 – 12/1998 Co-Trainer VfB Stuttgart, 12/1998 VfB Stuttgart, 11/2000 – 07/2001 Co-Trainer Bayer Leverkusen, 09/2001 – 10/2002 Co-Trainer A-Nationalmannschaft Kuwait
Größte sportliche Erfolge als Spieler: Vize-Weltmeister 1986, Europapokalsieger der Landesmeister 1983 mit dem Hamburger SV, UEFA-Pokal-Sieger 1988 mit Bayer Leverkusen, deutscher Meister 1983 mit dem Hamburger SV

Matthias Hönerbach

Position: Co-Trainer
Geburtsdatum: 13.04.1962
Geburtsort: Köln
Bei Werder seit: 01.07.2005
Spielerlaufbahn: 1980 – 1981 Bayer Leverkusen, 1981 – 1990 1. FC Köln, 1990 – 1994 1. FC Saarbrücken
Trainerlaufbahn: 1994/95 Co-Trainer Eintracht Trier, 1995/96 1. FC Köln Amateure, 1996 – 2003 Viktoria Köln
Größte sportliche Erfolge als Spieler: DFB-Pokal-Sieger 1983 mit dem 1. FC Köln, Erreichen des UEFA-Pokal-Finales 1986 mit dem 1. FC Köln

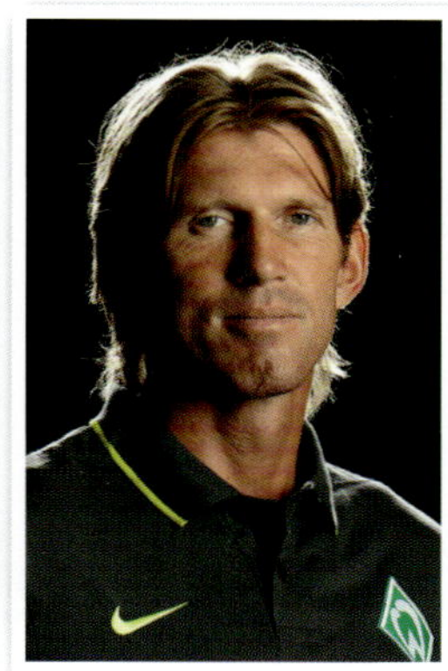

Michael Kraft

Position: Torwart-Trainer
Geburtsdatum: 23.04.1966
Geburtsort: Dernbach
Bei Werder seit: 01.01.2006
Spielerlaufbahn: 1988 – 1990 1. FC Köln, 1990 – 1993 Bakirköyspor Istanbul (Türkei), 1993 – 1998 1. FC Köln, 1998 – 1999 FC Gütersloh
Laufbahn als Torwart-Trainer: 2000 – 2001 FC Carl Zeiss Jena, 2002 – 2003 LR Ahlen, 06/2003 – 12/2003 SK Bucheon (Südkorea), 01/2004 – 12/2004 FC Incheon United (Südkorea), 06/2005 – 12/2005 Preußen Münster
Größte sportliche Erfolge als Spieler: 81 Erstliga-Spiele in der Türkei, deutscher Vize-Meister 1989 mit dem 1. FC Köln

Yann-Benjamin Kugel

Position: Fitness-Trainer
Geburtsdatum: 16.12.1979
Geburtsort: Sieglar
Bei Werder seit: 01.07.2008
Ausbildung: Diplom-Sportwissenschaftler, lizenzierter Personal-Trainer, Body-Trainer A-Lizenz

Stand: 01.10.2010

Leistungszentrum

Fußball-Internat in der Osttribüne des Weser-Stadion

'Wilhelm-Scharnow-Internat'

Telefon: 04 21 - 43 95 15 22
Fax: 04 21 - 43 95 15 49
Leitung: Dipl.-Psychologe Uwe Harttgen
Wirtschafterin: Jutta Reichel
Schul- und Sozialbegleiter: Ingo Goetze

Fußball-Schulprojekt mit dem Schulzentrum Bremen-Obervieland

Eine Zusammenarbeit mit dem Bremer Fußball-Verband und dem Schulzentrum Obervieland, das vom DFB zur 'Eliteschule des Fußballs' ernannt wurde.

'100 % Werder! Talent'

Jährliche Aktionstage, bei denen Nachwuchsspieler für die E- und D-Jugend-Mannschaften des SV Werder Bremen gesichtet werden.

'100 % Werder! Camp'

Bei der mehrtägigen Veranstaltung erhalten 100 Kinder und Jugendliche die Möglichkeit, den SV Werder Bremen bei Trainingseinheiten mit den Leistungstrainern und einem umfangreichen Rahmenprogramm kennenzulernen.

'100 Schulen – 100 Vereine'

Kooperation mit Schulen und Vereinen zur Förderung des Sports, insbesondere des Fußballs, in der Region in Partnerschaft mit AOK und Kraft Foods.

U 23

Trainer: Thomas Wolter
Co-Trainer: Frank Bender
Torwart-Trainer: Michael Jürgen
Mannschaftsärzte: Dr. Dominik Schwarz, Dr. Philip Heitmann
Physiotherapeut: Sven Plagge
Reha-Trainer: Jens Beulke
Betreuer: Benno Urbainski, Hartmut Quäker, Andreas Unglaube
Sportliche Erfolge:
Deutscher Amateurmeister 1966, 1985, 1991, deutscher Vize-Amateurmeister 1982, 1993

U 21

Trainer: Andreas Ernst
Co-Trainer: Stefan Horeis
Betreuer: Wolfgang Baermann

U 19

Trainer: Mirko Votava
Co-Trainer: Thomas Jahn
Physiotherapeut: Stefan Kühn
Betreuer: Wolfgang Brase
Sportliche Erfolge:
Deutscher Meister 1999, deutscher Vize-Meister 1995, 2000

U 18

Trainer: Marco Grote
Co-Trainer: Rouven Brandt, Manfred Winkler
Betreuer: Arno Stuntebeck

U 17

Trainer: Viktor Skripnik
Co-Trainer: Florian Kohfeldt
Physiotherapeut: Henning Kostro
Betreuer: Norbert Sunder
Sportliche Erfolge:
Deutscher Vize-Meister 1984, 1999

U 16

Trainer: Marco Grote
Co-Trainer: Dennis Kahl
Betreuer: Jürgen Hamjediers
Sportliche Erfolge:
Meister BFV 2001, 2002, 2004, 2005, 2006, 2007

U 15

Trainer: Thorsten Bolder
Co-Trainer: Horst-Dieter Höttges, Lukas Ciosainski, Markus Fila
Betreuer: Gabriel Schäffer
Sportliche Erfolge:
Norddeutscher Meister 1979, 1986, 1987, 1995, 1998, 1999, 2000, 2002, 2003, 2004, 2005, 2006, 2007, 2008, 2009, 2010

U 14

Trainer: Norbert Hübner
Co-Trainer: Jens Käthner
Betreuer: Diedrich Hollander

U 13

Trainer: Birger Hufe
Co-Trainer: Hauke Dierks
Betreuer: Uwe Kuhfeld

U 12

Trainer: Volker Radel
Co-Trainer: Frank Nixdorf
Betreuer: Michael Martins

U 11

Trainer: Peter Behrens
Co-Trainer: Markus Werle, Britta Möhlmann, Eva-Marlen Votava
Betreuer: Dominik Gutmann

U 10

Trainer: Thomas Lorenzen
Co-Trainer: Julian Hess

U 9

Trainer: Ralf Görgens
Co-Trainer: Hajo Diederich, Lars Schädler

U 8

Trainer: Tobias Süveges
Co-Trainer: Lars Linné

U 7

Trainer: Wolfgang Weyers
Co-Trainer: Matthias Bitsch

U 6

Trainer: Günter Metzdorf
Co-Trainerin: Conny Metzdorf
Betreuerin: Katja Metzdorf

Torwart-Trainer: Michael Jürgen

Koordinations-Trainer:
Lars Figura (U 23 bis U 15)
Andriy Wornat (U 14 bis U 6)

Reha-Trainer: Jens Beulke
Technik-Trainer: Kadir Pakkan
Ballschule: Alexander Kluge
Stützpunkt-Trainer: Sandro Stallbaum

100 % WERDER!

Kontakt

Anschrift: Franz-Böhmert-Str. 7, 28205 Bremen

Geschäftsführer:
Klaus-Dieter Fischer
Telefon: 04 21 - 43 45 91 140

Direktor Leistungszentrum:
Uwe Harttgen
Telefon: 04 21 - 43 45 92 660
Fax: 04 21 - 498 40 13
Koordinator Leistungszentrum:
Björn Schierenbeck

Nachwuchs-Cheftrainer:
Thomas Wolter
Telefon: 04 21 - 43 45 92 440

Sekretariat: Elisabeth Kremin, Frauke Strecker
Telefon: 04 21 - 43 45 92 350
04 21 - 43 45 92 280
Fax: 04 21 - 498 86 72

Internet: www.werder.de
E-Mail: info@werder.de

Stand: 01.10.2010

Foto: M. Stöver

Foto: M. Stöver

Foto: M. Rospek

Foto: Getty Images

U 23: Spitze der Talentförderung

Als ‚Abenteuer 3. Liga' hatte Werders U-23-Coach Thomas Wolter die dritthöchste Spielklasse bei ihrer Einführung bezeichnet. Treffender hätte die Aussage nicht sein können. Spannende Spiele, knappe Ergebnisse und zahlreiche Überraschungen hält jeder Spieltag parat. Mittendrin: die U-23-Talente der Grün-Weißen – die Spitze der Talentförderung an der Weser.

Zusammen mit den zweiten Mannschaften des FC Bayern München und des VfB Stuttgart ist das Team eine von insgesamt nur drei Nachwuchsmannschaften, die sich in der 3. Liga behaupten. Duelle mit namhaften Clubs wie Dynamo Dresden, Eintracht Braunschweig und FC Hansa Rostock sind an der Tagesordnung. „Die 3. Liga ist für junge Talente das optimale Sprungbett, um sich nach Ende der Jugendzeit zu behaupten und dem Ziel ‚Bundesliga' Schritt für Schritt näherzukommen", erklärt Uwe Harttgen, Direktor Leistungszentrum beim SV Werder Bremen.

Die Zahlen sprechen eine deutliche Sprache: Die Nachwuchsteams, insbesondere Werder, stellen die jüngsten Kader der Liga. „In keiner anderen Mannschaft erhalten so viele junge Talente so viel Spielpraxis wie in den Nachwuchsteams", so Thomas Wolter, für den die Talentförderung stets im Vordergrund steht: „Wir arbeiten nicht, um Erster, Zweiter oder Dritter zu werden, sondern damit die Jungs den Sprung in die höheren Ligen schaffen."

Dennoch gilt: „Wir wollen uns in der Tabelle so weit vorne wie möglich platzieren. In den vergangenen beiden Jahren haben wir zwar um den Klassenverbleib gekämpft, aber in der Mannschaft steckt großes Potenzial. Da darf es gerne mal ein einstelliger Tabellenplatz sein", fordert Thomas Wolter, der mit seinem Co-Trainer Frank Bender bereits seit acht Jahren für Werders U 23 verantwortlich ist.

Der Erfolg der vergangenen Jahrzehnte unterstreicht die Philosophie der Grün-Weißen, die mit ihren Ideen immer wieder neue Maßstäbe in der Talentförderung setzen. Zahlreiche Nachwuchsspieler schafften den Sprung aus dem Werder-Leistungszentrum in die Bundesliga: Tim Borowski, Christian Schulz, Simon Rolfes, Martin Harnik, Aaron Hunt und Philipp Bargfrede sind nur einige Spieler, die einst ihre Schuhe für die U 23 schnürten.

Fotos: Getty Images, M. Rospek

Frauen- und Mädchenfußball boomt

Drei Jahre sind vergangen, seit das Projekt ‚Frauenfußball‘ beim SV Werder Bremen gestartet wurde. Was vor der Saison 2007/2008 mit einem Spielerinnen-‚Casting‘ begann, hat sich zu einer sehr erfolgreichen Abteilung entwickelt.

Zwanzig Titel haben die mittlerweile vier Mädchen- und Frauenmannschaften in den vergangenen drei Spielzeiten gewonnen – eine eindrucksvolle Bilanz. An der Spitze des Frauenfußball-Konzepts steht die erste Mannschaft in der 2. Bundesliga, die innerhalb von nur zwei Jahren den Sprung aus der Verbandsliga in die zweithöchste deutsche Spielklasse schaffte. Nachdem das Team in der vergangenen Saison den Klassenverbleib frühzeitig perfekt machte, heißt es nun, sich in der Liga zu etablieren. „Unser Ziel ist ein Platz in der oberen Tabellenhälfte“, gibt Abteilungsleiterin Birte Brüggemann vor, die im Sommer das Traineramt auf eigenen Wunsch endgültig an ihren bisherigen Trainerkollegen Holger Stemmann abgetreten hat, aber nun wieder die U 17 betreut.

Trotz eines sehr guten Saisonverlaufs ist der Aufstieg in die 1. Bundesliga an der Weser bislang noch kein Thema. Ganz anders sieht es dagegen bei der zweiten Mannschaft aus, die nach dem Sprichwort ‚Drei Mal ist Bremer Recht‘ im dritten Anlauf den Sprung in die Regionalliga Nord schaffen will. In Bremen ist die ‚Zweite‘, die von Thomas Gefken trainiert wird, seit zwei Jahren das Maß aller Dinge: Meisterschaft, Pokal und Hallenmeisterschaft gingen jeweils an die Grün-Weißen.

Gleiches gilt auch für die weiblichen Nachwuchsteams: Allen voran die B-Juniorinnen, die sich zum wiederholten Mal den norddeutschen Meistertitel holten. Dazu hat es für die U 15 zwar noch nicht gereicht, doch die Bremer Trophäen gingen an die Grün-Weißen.

Ein Ziel verfolgen alle Werder-Teams weiterhin gemeinsam: Die Stärkung des Mädchen- und Frauenfußballs in der Region Bremen. „Wir wollen jungen Talenten die Perspektive bieten, sich bei Werder in einem professionellen und ambitionierten Umfeld auf und neben dem Platz weiter zu entwickeln“, erklärt Brüggemann, die diese nachhaltige Philosophie fortführen möchte.

Geschäftsführendes Präsidium

Klaus-Dieter Fischer

Position: Präsident (seit 01.07.2003)
Geburtsdatum: 27.12.1940
Geburtsort: Bremen
Bei Werder Bremen seit: 06.01.1955
Bisherige Positionen: 1999 – 30.06.2003 Vorstandsmitglied Leistungszentrum Fußball und andere Sportarten, 1974 – 1999 Vize-Präsident, 1970 – 1974 3. Präsident, Jugendbetreuer, Jugendtrainer, Schatzmeister der Amateurabteilung, Schiedsrichter
Weitere Positionen: Geschäftsführer Leistungszentrum, Frauenfußball, andere Sportarten, Sozialmanagement der SV Werder Bremen GmbH & Co KG aA, Mitglied des Beirats des Bremer Fußball-Verbands (BFV)
Ausbildung / Beruf: Direktor der Bremer Verwaltungsschule und Leiter des Aus- und Fortbildungszentrums (bis 2003)

Dr. Hubertus Hess-Grunewald

Position: Vize-Präsident (seit 01.07.2003)
Geburtsdatum: 14.10.1960
Geburtsort: Varel
Bei Werder Bremen seit: 28.08.1970
Bisherige Positionen:
1999 – 2003 Aufsichtsratsmitglied des Sport-Verein „Werder“ von 1899 e.V.
1993 – 1999 Vorstandsmitglied der Fußball-Amateurabteilung
Weitere Position:
Mitglied des Aufsichtsrats der SV Werder Bremen GmbH & Co KG aA (seit 07.02.2005 stellvertretender Vorsitzender)
Ausbildung / Beruf: Jurastudium / Rechtsanwalt (Fachanwalt für Arbeitsrecht)

Axel Plaat

Position: Schatzmeister (seit 01.07.2003)
Geburtsdatum: 24.06.1958
Geburtsort: Bremen
Bei Werder Bremen seit: 01.06.1967
Bisherige Positionen:
2001 – 2003 Kassenrevisor
1973 – 2000 Trainer Fußball-Abteilung
Ausbildung / Beruf:
Bankkaufmann / Credit Officer im Branchensektor Telecom, Technology, IT & Software der Commerzbank AG Hamburg

Mitglieder des Präsidiums

Dietmar Ernst
Vorsitzender Fußball

Gunnar Lübben-Rathjen
Vorsitzender Handball

Christian Schwarting
Vorsitzender Leichtathletik

Dr. Oliver Höpfner
Vorsitzender Schach

Werner Meyer
Vorsitzender Tischtennis

Manfred Jacobi
Vorsitzender
Turnspiele und Gymnastik

Peter Logemann
Jugendreferent

Jürgen Sterzik
Sportreferent

Die Flaschen bei Werder
kommen von uns.
VILSA
BRUNNEN
medium
NATÜRLICHES MINERALWASSER
VILSA
BRUNNEN
classic
NATÜRLICHES MINERALWASSER
mit Kohlensäure versetzt, enteisent
VILSA
BRUNNEN
naturelle
OFFIZIELLER LIEFERANT
VON WERDE
BREMEN
VILSA
Lebendig. Nordisch. Frisch.

Die Sportarten

Abteilungen

▶ **Fußball**
Vorsitzender:
Dietmar Ernst,
Tel. 04 21 – 51 05 29
Jugendleiter: Jens Höfer,
Tel. 04 21 – 43 45 91 660

▶ **Leichtathletik**
Vorsitzender:
Christian Schwarting,
Tel. 04 21 – 44 48 99
Pressewart: Olaf Kelterborn,
Tel. 04 21 – 437 39 61
www.werder-la.de

▶ **Handball**
Vorsitzender:
Gunnar Lübben-Rathjen,
Tel. 04 21 – 45 44 54
Jugendleiterin:
Elke Humrich,
Tel. 04 21 – 44 89 29
Pressewart:
Martin Lange,
Tel. 04 21 – 43 45 91 440
www.werder-handball.de

▶ **Schach**
Vorsitzender:
Dr. Oliver Höpfner
Tel. 04 21 – 21 75 76
Jugendleiter:
Rolf Grossjean
Tel. 04 21 – 84 78 51 95
www.werder-schach.de

▶ **Tischtennis**
Vorsitzender:
Werner Meyer,
Tel. 040 – 30 01 29 88
Jugendleiterin:
Birte Grensemann,
Tel. 01 75 – 562 01 57
www.werder-tischtennis.de

▶ **Turnspiele und Gymnastik**
Vorsitzender:
Manfred Jacobi,
Tel. 04 21 – 54 41 71
Übungsleiterin:
Elke ter Hazeborg Mennenga,
Tel. 04 21 – 51 18 51

▶ **Jugendreferent**
Peter Logemann,
Tel. 04 21 – 48 20 55

▶ **Sportreferent**
Jürgen Sterzik,
Tel. 04 21 – 58 23 44

Entwicklung der Mitgliederzahl

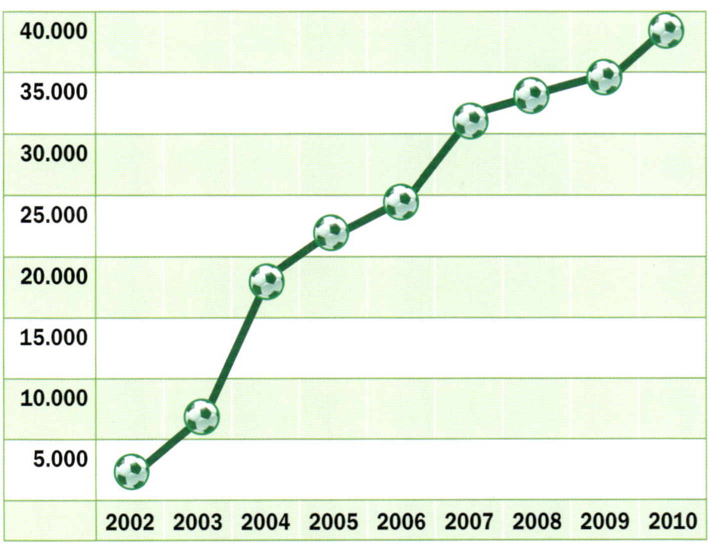

Stand: 01.10.2010

Ehrenrat

Gemeinsam mit den sechs Vorsitzenden der Abteilungen, dem Sportreferenten und dem Jugendreferenten bilden die Mitglieder des Ehrenrats den Wahlausschuss. Er schlägt der Mitgliederversammlung Kandidaten für das geschäftsführende Präsidium des Sport-Verein „Werder“ von 1899 e.V. und den Aufsichtsrat der SV Werder Bremen GmbH & Co. KG aA vor.

Wolfgang Schäfer

Joachim Bunzel

Peter Eilers

Elke Humrich

Horst Kühne

Werner Laue

Horst Münte

Hans Wild

Egbert Wilzer

Böklunder®
wünscht eine „Fanomenale“ Saison!
Offizieller Lieferant der
Original
Werder
Bratwurst
www.boeklunder.de

Das Team hinter dem Team von A–Z

Mehr als 100 hauptamtliche Mitarbeiterinnen und Mitarbeiter arbeiten beim SV Werder Bremen für den Bundesliga-Fußball, das Leistungszentrum und die Vereinsabteilungen. Von der Geschäftsführung bis zur Mitgliederverwaltung, von den Medien bis zur Wäscherei trägt jede Abteilung zum reibungslosen Ablauf bei.

Klaus Allofs
Vorsitzender der Geschäftsführung, Geschäftsführer Profifußball und Öffentlichkeitsarbeit

Ingrid Aydemir
Wäscherei

Tim Barten
Marketing

Frank Baumann
Assistent des Geschäftsführers Profifußball

Bianca Becker
Ticketcenter

Christel Behrens
Stellvertretende Wirtschaftsleiterin Internat

Uwe Behrens
Zeugwart

Matthias Beier
Ticketcenter

Frank Bender
Co-Trainer U 23

Holger Berger
Physiotherapeut Bundesliga

Jens Beulke
Diplom-Sportlehrer, Reha-Trainer

Markus Biereichel
Medien und Kommunikation

Annika Blase
Sekretariat der Geschäftsführung

Stefanie Bolder
Ticketcenter

Thorsten Bolder
Trainer U 15

Birte Brüggemann
Frauen- und Mädchenfußball

Daniel Bruss
Controlling und Personal

Folke Dannemann
CRM und Marketing

Stand: 01.10.2010

NEU
SPORTSLIFE – PUSH YOUR LIMITS
SCHNELLES AUFWÄRMEN.
MAXIMALE LEISTUNG.
OPTIMALE REGENERATION.
Sportslife wurde mit Sportexperten entwickelt, um für jede Phase des Sports eine Leistungssteigerung zu erzielen.
SPORTSLIFE WARM UP FLUID
Verkürzt die Aufwärmphase.
SPORTSLIFE EIS SPRAY AKUT
Reduziert Schmerzen und Schwellungen.
SPORTSLIFE 2in1 COOL DOWN SHOWER
Kühlt und ist hautfreundlich, zur täglichen Anwendung geeignet.
SPORTSLIFE RELAX FLUID
Regeneriert, kühlt und entspannt.
Offizieller Ausstatter von WERDER BREMEN
Sports life
WARM UP FLUID
EIS SPRAY AKUT
KÜHLENDES SPRAY ZUR SCHMERZ-LINDERUNG
2in1 COOL DOWN SHOWER
RELAX FLUID
Die neue Sportslife-Serie. Entwickelt für alle, die mehr Sport wollen.
Sports life®
Jetzt in Ihrer Apotheke und im WERDER BREMEN Fanshop erhältlich.
www.sportslife.info

Das Team hinter dem Team von A–Z

Marika Diesing
Sozialmanagement

Arne Dreyer
Sozialmanagement

Julia Ebert
Fan- und Mitgliederbetreuung

Marcus Führer
Ticketcenter

Husnija Fazlic
Scouting

Klaus Filbry
Geschäftsführer Marketing, Management und Finanzen

Klaus-Dieter Fischer
Geschäftsführer Leistungszentrum, Frauenfußball, andere Sportarten, Sozialmanagement

Martina Flessner
Wäscherei

Christine Fortlage
Trainerin Handball

Ralph Freudrich
Ticketcenter

Jörg Fürst
Rechnungswesen und Ticketmanagement

Verena Gerken
Ticketcenter

Ingo Goetze
Leistungszentrum

Rolf Grossjean
Trainer Schach

Marco Grote
Trainer U 16 / U 18

Katrin Grüschow
Buchhaltung

Stephan Güttler
EDV-Administrator

Catharine Haertel
Mitgliederverwaltung

Hinrich von Hallen
Direktor Finanzen

Marita Hanke
Medien und Kommunikation

Fritz Hartl
Scouting

Uwe Harttgen
Direktor Leistungszentrum

Jessica Heinecke
Buchhaltung

Elke Heinicke
Wäscherei

Stand: 01.10.2010

Vitakraft
gibt Lebenskraft
Aus Liebe zum Tier
Tierisch gut am Ball!
... grüßt alle Tierfreunde!
www.vitakraft.de

Das Team hinter dem Team von A–Z

Susanne Henke
Buchhaltung

Jens Höfer
Vereins- und Amateurangelegenheiten

Gerd Holländer
Hallenwart Werder-Halle Hermine-Berthold-Straße

Imke Holländer
Hallenwartin Werder-Halle Hermine-Berthold-Straße

Niclas Huse
Empfangssekretariat

Norman Ibenthal
Medien und Kommunikation

Felix Ilemann
Medien und Kommunikation

Peer Jaekel
Scouting

Michael Jürgen
Nachwuchs-Torwart-Trainer

Tim Juraschek
Sozialmanagement

Karl-Heinz Kamp
Scouting

Leszek Kass
Trainer Leichtathletik

Anja Kelterborn
Sozialmanagement

Alexander Kluge
Sozialmanagement

Sebastian Kommer
Callcenter

Matthias Kook
Vereins- und Amateurangelegenheiten

Henning Kostro
Physiotherapeut U 17

Elisabeth Kremin
Sekretariat Leistungszentrum

Stefan Kühn
Physiotherapeut U 19

Dominik Kupilas
Medien und Kommunikation

Martin Lange
Medien und Kommunikation

Florian Lauerer
Physiotherapeut Bundesliga

Anne-Kathrin Laufmann
Sozialmanagement

Mehmedalija Lilic
Hallenwart Werder-Halle Hemelinger Straße

Stand: 01.10.2010

Das Team hinter dem Team von A–Z

Sehija Lilic
Hallenwartin
Werder-Halle
Hemelinger Straße

Janina Löwer
Buchhaltung

Henning Mahlstedt
Ticketcenter

Ranko Marin
Scouting

Roland Martinez
Dolmetscher

Kimberly Masters
Auszubildende Sport- und Fitnesskauffrau

Saskia Mauckisch
Mitgliederverwaltung

Petra Mayrhofer
Mitgliederverwaltung

Sven Meusch
Scouting

Claus Dieter Meyer
Trainer Schach

Friedrich Munder
Zeugwart

Florian Nagel
Auszubildender Sport- und Fitnesskaufmann

Frank Ordenewitz
Scouting

Sonja Päs
Medien und Kommunikation

Heike Pape
Callcenter

Bernd Pfeifer
Scouting

Nadja Pilzweger
Sozialmanagement

Sven Plagge
Physiotherapeut U 23

Tino Polster
Direktor Medien und Kommunikation

Marita Rabe-Steinberg
Empfangssekretariat

Oliver Rau
Direktor Marketing und Vertrieb

Olaf Rebbe
Marketing und Sponsoring

Jutta Reichel
Wirtschaftsleiterin Internat

Michael Rudolph
Medien und Kommunikation

Stand: 01.10.2010

Das Team hinter dem Team von A–Z

Björn Schierenbeck
Koordinator Leistungszentrum

Petra Schmidt
Mitgliederverwaltung

Thilo Scholz
Buchhaltung

Florian Schwarz
Vereins- und Amateurangelegenheiten

Ingrid Siebke
Wäscherei

Viktor Skripnik
Trainer U 17

Horst Stange
Autogrammkartenpost

Tim Steidten
Scouting

Holger Stemmann
Trainer Frauenmannschaft

Janina Stockinger
Physiotherapeutin Frauenmannschaft

Christian Stoll
Marketing / Hospitality

Frauke Strecker
Leistungszentrum / Coaching und Schulungen

Lennart Strodthoff
Marketing / Hospitality

Tobias Süveges
Scouting

Timmy Thiele
Auszubildender Sport- und Fitnesskaufmann

Jürgen Tölle
Physiotherapeut Bundesliga

Christian Tonke
EDV-Administrator

Anke Urbainski
Wirtschafterin Appartement-Haus

Benno Urbainski
Teambetreuer U 23 / Zeugwart Leistungszentrum

Torsten Urbainski
Hausmeister

Tanja Vogeley
Callcenter

Miroslav Votava
Trainer U 19

Christiane Wilke
Buchhaltung

Thomas Wolter
Nachwuchs-Cheftrainer

Stand: 01. 10. 2010

Das Team hinter dem Team von A–Z

Nicole Wrage
Callcenter

Klaus Zagermann
Geschäftsstelle

Dieter Zeiffer
Fan- und Mitglieder-betreuung

Angela Zitzmann
Sekretariat der Geschäftsführung

Sporthep „Werder“ GmbH

Dr. Götz Dimanski
Geschäftsführer, Mannschaftsarzt Bundesliga

Das Stadion-Team

Marcus Mbiwe
DJ ‚Choco‘

Christian ‚Stolli‘ Stoll
Stadionmoderator

Arnd ‚Arnie‘ Zeigler
Stadionmoderator

Stand: 01.10.2010

Foto: imago

Das Team hinter dem Team von A–Z

Werder Bremen Fan-Service GmbH

Petra Stelljes
Geschäftsführerin

Sandra Böhmert
Auftragsbearbeitung

Matthias Brockob
Koordinator Webshop

Niels Flügger
Fan-Welt

Marlene Gerkens
Vertrieb

Katja Haack
Korrespondenz

Petra Hattendorf
Fan-Welt

Frank Hopp
Sachbearbeiter

Markus Horstmann
Leiter Lagerverwaltung

Michaele de la Iglesia
Buchhaltung

Maren Kaminski
Assistentin der Geschäftsführung

Uwe Kühle
Stadionverkauf / Fanmobil

Michael Meyer
Lager und Versand

Jana Rümenapp
Fan-Welt

Romy Rupp
Fan-Welt

Matthias Samuel
Fan-Welt

Lars Schneider
Sachbearbeiter

Marcus Scholz
Lager und Versand

Stand: 01.10.2010

Nahrin Uyar
Auszubildende Fachkraft für Lagerlogistik

Georgette Wässa
Leitung Fan-Welt

Tim Zinke
Lager und Versand

Auf einen Blick

Anschrift:
SV Werder Bremen
Franz-Böhmert-Str. 1 c
28205 Bremen

Öffnungszeiten Geschäftsstelle:
Montag – Mittwoch 9 – 17 Uhr,
Donnerstag 9 – 18 Uhr,
Freitag 9 – 15 Uhr

Telefon Geschäftsstelle / Ticketcenter / Fan-Shop: **01805-937337**
(€ 0,14 / Minute, abweichende Tarife aus den Mobilfunk-Netzen; Montag – Freitag 9 – 18 Uhr, Samstag 10 – 13 Uhr, nur bei Heimspielen)

Fax Geschäftsstelle:
0421-493555

Fax Ticketcenter:
0421-490506

Telefonische Bestellannahme (Fanartikel):
01805-326746

Bestell-Fax Fan-Shop:
01805-003968

E-Mail: info@werder.de

Internet: **www.werder.de**

SV Werder Bremen GmbH & Co. KG aA

Geschäftsführung:
Klaus Allofs (Vorsitzender der Geschäftsführung, Geschäftsführer Profifußball und Öffentlichkeitsarbeit),
Klaus-Dieter Fischer (Geschäftsführer Leistungszentrum, Frauenfußball, andere Sportarten, Sozialmanagement),
Klaus Filbry (Geschäftsführer Marketing, Management und Finanzen)

Aufsichtsrat:
Willi Lemke (Vorsitzender),
Dr. Hubertus Hess-Grunewald (Stellvertretender Vorsitzender),
Dr. Werner Brinker,
Gunnar Lübben-Rathjen,
Hans Schulz,
Niels Stolberg

Cheftrainer: Thomas Schaaf
Co-Trainer: Matthias Hönerbach, Wolfgang Rolff
Torwart-Trainer: Michael Kraft
Fitness-Trainer: Yann-Benjamin Kugel
Leiter Scouting (inkl. Leistungszentrum): Frank Ordenewitz
Mannschaftsarzt: Dr. Götz Dimanski
Physiotherapeuten: Holger Berger, Florian Lauerer, Jürgen Tölle
Zeugwarte: Uwe Behrens, Fritz Munder

Direktor Finanzen: Hinrich von Hallen
Direktor Marketing und Vertrieb: Oliver Rau
Direktor Medien und Kommunikation: Tino Polster
Leiterin Printmedien/Stellvertretende Medienbeauftragte: Marita Hanke

Rechnungswesen und Ticketmanagement: Jörg Fürst
Vereins- und Amateurangelegenheiten: Jens Höfer
Frauen- und Mädchenfußball: Birte Brüggemann
Sozialmanagement: Anne-Kathrin Laufmann
Fan- und Mitgliederbetreuung: Julia Ebert
Werder Fan-Service GmbH: Petra Stelljes (Geschäftsführerin)
Sporthep ‚Werder' GmbH Sporttherapie und Rehabilitation: Dr. Götz Dimanski (Geschäftsführer)

Die größten Erfolge:
Deutscher Meister 1965, 1988, 1993, 2004
Deutscher Pokalsieger 1961, 1991, 1994, 1999, 2004, 2009
Deutscher Supercup-Sieger 1988, 1993, 1994
Deutscher Ligapokal-Sieger 2006
Europapokalsieger der Pokalsieger 1992
Deutscher Amateurmeister 1966, 1985, 1991

Ehrenspielführer:
Richard Ackerschott (†), Frank Baumann, Marco Bode, Dieter Burdenski, Dieter Eilts, Horst-Dieter Höttges, Arnold ‚Pico' Schütz

Leistungszentrum Fußball Werder Bremen

Anschrift: Franz-Böhmert-Str. 7, 28205 Bremen
Leitung: Klaus-Dieter Fischer
Direktor Leistungszentrum: Uwe Harttgen
Nachwuchs-Cheftrainer: Thomas Wolter

Sport-Verein „Werder" von 1899 e.V.

Gegründet: 04.02.1899

Geschäftsführendes Präsidium:
Klaus-Dieter Fischer (Präsident), Dr. Hubertus Hess-Grunewald (Vize-Präsident), Axel Plaat (Schatzmeister)

Mitglieder des Präsidiums:
Dietmar Ernst (Vorsitzender Fußball), Gunnar Lübben-Rathjen (Vorsitzender Handball), Christian Schwarting (Vorsitzender Leichtathletik), Werner Meyer (Vorsitzender Tischtennis), Dr. Oliver Höpfner (Vorsitzender Schach), Manfred Jacobi (Vorsitzender Turnspiele und Gymnastik), Peter Logemann (Jugendreferent), Jürgen Sterzik (Sportreferent)

Ehrenrat:
Wolfgang Schäfer (Vorsitzender), Joachim Bunzel, Peter Eilers, Elke Humrich, Horst Kühne, Werner Laue, Horst Münte, Hans Wild, Egbert Wilzer

Ehrenmitglieder:
Dr. Franz Böhmert (†), Klaus Allofs, Joachim Bunzel, Meta Finke, Karl-Heinz Kamp, Klaus-Dieter Fischer, Frank Jatho, Fini Krüger, Willi Lemke, Peter Logemann, Manfred Müller, Otto Rehhagel, Thomas Schaaf, Peter Sztuka, Hans Wild

Vereinsfarben: Grün-Weiß
Mitglieder: 39.500

Stand: 01.10.2010